내가 누구인지 아는 것이
왜 중요한가

내가 누구인지 아는 것이
왜 중요한가

그간 외면해온 외로운 나에게
인 생 을   묻 다

페터 베르 지음 :: 장혜경 옮김

갈매나무

다시 나 자신에게로 돌아가는 길

당신은 이 책을 사면서 아마 자신에 대해, 자신의 삶에 대해 많은 것을 알고 싶다고 생각했을 것이다. 그런 당신에게 나는 참 잘했노라고 손뼉 쳐주고 싶다. 내가 이 책을 쓴 이유도 바로 그것이기 때문이다. 우선 당신에게 내 이야기를 들려주고 싶다. 물론 인생 밑바닥까지 내려갔다가 엄청난 변신을 거치고서 영광스럽게 온 세상에 마지막 지혜를 전파하러 나타난 전형적인 모티베이션 트레이너의 사연을 기대하지는 말기 바란다. 나는 예나 지금이나 온갖 난관을 만나며, 마지막 지혜를 들려줄 만한 영적 지도자가 되지도 않았으니 말이다. 나는 그저 내가 걸어온 지극히 사적인 길을 이야기하고자 하며, 그 길에서 배우고 키워온 지혜를 나누고 싶다. 그 지혜로 당신 역시 (내가 지금껏 동행한 수많은 사람처럼) 보다 평화롭고 행복하며 진정으로 만족하는 삶을 살기를 바란다.

이 책에서 나는 '페터'라는 한 인간의 발가벗은 모습을 내보였다. 우리에게는 어떻게 살아야 할지 설교하는 또 한 사람의 영적 스승이 아니라 보다 인간적이고 섬세하며 정직한 마음이 필요하다고 확신하기 때문이다.

내 인생도 많은 사람이 그러했듯 정말로 힘든 시기에 변화가 시작되었다. 나는 자동차 업계에서 잘 나가는 젊은 엔지니어였지만 몸과 마음이 완전히 지쳐버려서, 어떻게든 버티고자 고군분투 중이었다. 불안과 걱정이 나를 채찍질하며 몰아댔다. 정말로 중요한 것들을 생각할 여유조차 없었다. 아니 솔직히 말하면 그게 뭔지도 몰랐다. 내게는 무엇 하나도 놓치면 안 된다고 가차 없이 나를 몰아대며 쉬지 않고 조잘대는 부정적인 목소리만이 들렸다.

어쩌다 이렇게까지 되었을까?

나는 남들보다 빨리 대학을 졸업했다. 공부에 남다른 열정이 있어서가 아니라 어차피 졸업할 거면 빨리 해치우자는 심정이었다. 엔지니어로 일하면 상황이 훨씬 나을 것 같았다. 대학에 다니는 내내 온갖 질병에 시달렸기 때문이다. 늘 속이 쓰렸고 가슴이 바늘로 찌르듯 콕콕 쑤셨으며 어지럽고 심장이 두근거렸다. 몸이 보내는 신호였지만 당시에는 이유를 알지 못했다.

내 마음을 읽을 줄은 더더욱 몰랐다. 그저 열심히 하자는 마음의 채근에 귀 기울인 채 아무 재미도 없는 공부를 억지로 억지로 해댔다. 마침내 바라던 대로 엔지니어가 되자 나의 에고^{ego}는 마구 불타올랐다. 능력을 입증해서 출세하고 성공하고 싶었다. 사실 나를 몰아세운 건 성공이 아닌 남들의 인정이었다는 사실을 당시엔 미처 몰랐다.

내가 바란 건 다른 게 아니었다.
나는 인정받고
사랑받고 싶을 뿐이었다.

출세와 성공은 만족을 주지 못했다. 수천 통의 이메일, 수백 가지 업무, 계속되는 출장과 마감. 다 너무나 중요하고 엄청난 돈이 걸린 일이었기에 나는 매일매일 어떻게든 해내려고 이를 악물었다. 몸은 건강하지 않다는 신호를 계속해서 보냈다. 날로 힘을 키운 불안이 한 조각 한 조각 나를 갉아먹었다. 마음이 초조해서 죽을 것 같았다. 두통에 시달렸고, 통 잠을 자지 못했다. 고객 방문이나 힘든 미팅을 앞두고는 여지없이 그런 증상들이 나타났다. 나중에는 추가 업무를 지시하는 메일만 발견해도 심장이 미친 듯 두근거렸다. 하지만 몸이 공황으로 반응할 때도 나는 멈추지 않고 계속 달렸다. 실패할까 봐 겁이 나서, 더 정확히 말하면 무능력한 패배자가 될까 봐 겁이 나서 계속해서 나를 몰아세웠다.

그러다가 더는 갈 수 없는 지점에 이르고야 말았다. 그날을 아직도 생생히 기억한다. 2주 일정의 출장을 마치고 집에 돌아왔을 때였다. 2주 내내 납품업체와 고객에게 연신 변명을 늘어놓았고, 밤이면 거의 잠을 자지 못했다. 겨우 잠에 들었다가도 땀으로 범벅된 채 화들짝 놀라 깨기를 반복했다. 토요일에 모든 일정을 마치고 집으로 돌아왔지만, 월요일에 다시 회사로 출근해서 출장보고서를 제출해야 했다.

여지없이 불면의 밤을 보낸 다음 날 월요일 아침, 욕실에서 거울을 보다가 나는 화들짝 놀랐다. 짙은 다크서클, 축 처진 어깨, 헐떡대는 호흡. 하지만 무엇보다 충격적이었던 것은 거울에서 나를 바라보는 텅 빈 슬픈 눈동자였다. 그 순간 나는 이렇게는 살 수 없다는 사실을 시인했다. 더 이상은 안 된다는 몸의 비명이 그제야 들렸다.

어쩌다 이 지경까지 왔을까? 나는 놀라 자문했다. 바라온 것을 다 가졌는데 왜 이렇게 괴로울까? 암울했던 그 순간, 하나의 작은 불꽃이 내게 힘을 주었다. 바로 이 질문이었다. '다시 나 자신에게 돌아가려면 무엇이 필요할까?'

행복하게 살려면 무엇을 바꾸어야 할까? 이 질문이 머리를 떠나지 않았다. 이 질문이야말로 내가 붙들고 설 버팀목 같았다. 나는 닥치는 대로 읽기 시작했다. 자기계발서, 심리학 서적, 긍정심리학과 회복탄력성resilience 연구 서적……. 다시 대학에 입학하여 심리학 공부를 시작했다. 엔지니어 공부를 할 때와는 전혀 다른 열정이 솟구쳤다. 정말로 마음 깊은 곳에서 솟아나는 열정이었다.

다시 나 자신에게 돌아가려면 무엇이 필요할까?

내 목표는 하나였다. 나는 알고 싶었다. 행복하게 살려면 무엇이 필요할까? 인간이 행복해지려면 무엇이 필요한가? 유명하다는 강사는 다 쫓아다녔고, 대답을 줄 성싶으면 모조리 다 시도해보았다. 리더 세미나와 코치 양성 교육도 받았다. 나는 알고 싶었다!

날로 거세어지는 열정의 불길을 가슴에 품고서 어느 날 명상을 만났다. 예전에 대학 시절에도 명상을 배워본 적이 있지만, 그때는 뭔가 뜻대로 되지 않아서 금방 그만둬버렸다. 그 이유를 지금은 안다. 그릇된 기대를 품었던 탓이다. 하지만 이번에는 달랐다. 나는 행복과 평화, 사랑이 무엇인지 진정으로 알고 싶었고, 불교심리학이 그 비밀을 가르쳐줄 것만 같았다. 피상적인 대답에 만족하고 싶지 않았다. 나는 진리를 알고 싶었다. 그 진리를 명상이 가르쳐줄 것 같았다.

그리하여 나는 내 마음을 들여다보고 내 질문의 궁극적인 대답을 찾고자 열심히 명상 수련에 임했다. 특정 수련 기간에는 매일 최대 열여섯 시간 명상에 임한 적도 있었다. 명상 방에 있으면 마음이 고요해져서 내면의 소리에 귀 기울일 수 있었다. 나 자신과 현실의 본성에 대해 큰 깨달음을 얻은 시기였다. 머리를 어지럽히는 혼란을 정돈하고 몸을 괴롭히는 불안을 가라앉힐 수 있었다. 고통의 의미와 괴로움에서 벗어나는 방법을 배웠다. 행복이란 외부 조건에 달린 것이 아니라 내 안에서 찾을 수 있는 것이었다. 고요는 마침내 나를 집으로 되돌려 보냈다. 말로는 도저히 설명할 수 없는 느낌이었다.

수련을 하면서 현각스님도 만났다. 그분께는 도저히 갚을 수 없는 지혜를 빚졌다. 이 책도 그분의 명상센터에서 칩거하며 얻은 성과물이다. 오랜 세월이 흐른 지금, 늘 바쁘고 고통스러웠지만 배울 점이 많았던 그 옛날 엔지니어 시절을 돌아보면 절로 미소가 떠오른다. 모든 진리를 다 깨달은 구름 탄 신선이 되었기 때문이 아니다. 분주한 커리어의 세상에 스스로를 갈아 넣으며 '더 빨리, 더 높이, 더 멀리' 너머에 다른 세상이 존재한다는 사실을 까맣게 몰랐던 '옛날의' 나에게 연민을 느끼기 때문이다. 커리어 너머의 세상에는 사랑과 기쁨과 연민이 넘치는 심오한 세상이 존재한다. 지금 나는 내 명상 수업이나 마음챙김 아카데미에서, 특히 온라인에서 만나는 수많은 사람에게 당시의 '나'에게 느끼는 연민을 똑같이 느낀다.

이 구절을 쓰자니 가슴이 두근거린다. 내가 당신의 여행길을 잠시나마 동행하면서 당신의 삶을 조금 더 가볍고 편안하고 행복하게 만들어줄 지혜를 전해줄 수 있을 테니 말이다. 당신이 여기에 있어 얼마나 좋은지 모르겠다.

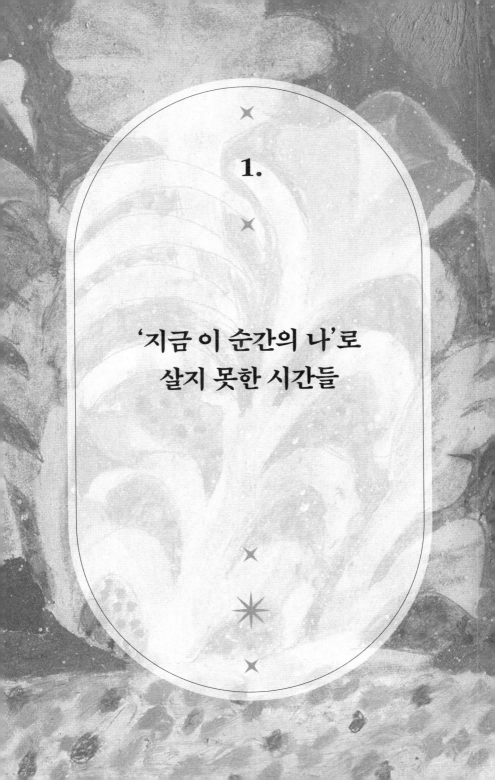

1.

'지금 이 순간의 나'로
살지 못한 시간들

문득 돌아보니
오래 길을 잃었다

지금 나는 봄비는 역 근처 작은 공원, 보리수 아래에 마련된 벤치에 앉아 있다. 눈을 감고 따스한 봄볕에 얼굴을 내맡긴 채 살랑살랑 부는 봄바람을 음미하면서 책을 어떻게 이어갈까 고민한다.

천천히 눈을 뜨고 주변을 돌아본다. 버스에서 내려 서둘러 달려오는 사람들이 보인다. 검은 줄무늬 옷을 입은 남자가 커피를 손에 들고 학생들 사이로 비집고 들어가다가 아이들이 얼른 비키지 않자 짜증을 낸다. 한 아이가 손가락으로 욕을 하자 다른 아이들이 와르르 웃는다. 바로 옆에서 여자아이 둘이 셀카를 찍으려 포즈를 취한다. 맞은편 신호등이 빨간불로 바뀌자 멈춰선 사람 절반 이상이 곧바로 주머니에서 스마트폰을 꺼내 화면을 쳐다본다. 신호등이 초록불로 바뀌자마자 모두가 서둘러 횡단보도를 가로지른다. 천천히 걷거나, 잠시 걸음을 멈추고서 이 찬란한 순간을 즐기는 사람은 거의 없다. 따스한 봄 햇살, 길옆에 활짝 핀 꽃, 상쾌한 바람을 아무도 음미하지 않는다.

무한한 기회, 불투명한 확신

벤치에 앉아서 삶을 생각한다. 그럴 때마다 나는 항상 모순을 느낀다. 내가 사는 이 서구세계에는 자유가 넘치지만 많은 것이 불확실하다. 우리는 언제라도 자유롭게 새로운 길을 선택할 수 있다. 직장을 바꾸거나 아예 그만둘 수도 있고, 파트너를 떠나거나 다른 사람과 사귈 수도 있다. 출세를 향해 달려갈 수도, 이민을 갈 수도, 세계일주를 떠날 수도 있고, 아마 가까운 미래엔 화성으로 날아갈 수도 있을 것이다.

하지만 이 모든 자유는 엄청난 불확실성을 동반한다. 내가 진정으로 무엇을 원하는지, 인생에서 정말로 중요한 것이 무엇인지 확신이 없다. 옳다는 확신이 없는 것을 선택하거나 충분히 멋진 경험을 하지 않으면 시간을 낭비하는 성싶어 늘 불안하다.

이 불확실성을 어떻게 해소해야 할지 모르기에 인스타그램, 페이스북 따위를 흘깃대고, 정말 필요한 것인지, 나에게 맞는 것인지도 모를 물건과 아이디어와 목표를 허겁지겁 좇는다.

소비와 전자기기 사용, 연예와 오락이 급속도로 증가한 한편, 탈진과 번아웃, 우울을 호소하는 사람이 날로 늘어난다. 못 가질 것이 없는 세상인데 딱히 행복한 것 같지가 않다. 아니 오히려 더 불행해지는 것 같다.

이 모든 요구와 부담, 도전과 무한한 가능성을 조화롭게 균형 잡기란 정말이지 어렵다. 하지만 미디어는 열심히 일하기만 하면, 작업 방식을 최적화하고 생산성을 높이기만 하면, 적절히 운동하고 비타민 몇 알만 털어 넣으면 아주 간단하게 '모든 것'을 가질 수 있다고 꼬드긴다. 그래서 우리는 열심히 몸과 마음을 다그치면서도 채찍질이 모자란 것만 같아 자꾸만 자책한다. 친구도, 지인도, 온라인으로 팔로우하는 사람도 그 모든 일을 다 해내지 않던가? 그러니 나도 그럴 수 있어야 한다. 우리는 그렇게 믿는다.

이런 현실을 고민하자면 마음에 슬픔이 밀려온다. 자신을 안쓰럽게 여겨도 시원치 않을 판에 우리는 자신을 세상에 최적화하느라 여념이 없다. 자신을 더욱 압박하고 비판하는 데 열과 성을 다한다. 걸음을 멈추고 '지금 여기'에서 중요한 것이 무엇인지 묻지 않고, 돈으로 행복을 살 수 있다는 시장에서 정신없이 신상품을 좇아다닌다. 자신의 마음에 귀 기울이지 못하고, 인스타그램이나 TV에 나오는 인플루언서와 스타의 목소리만 경청한다. 종일 긴장과 스트레스를 내려놓지 못하고, 1년에 고작 며칠밖에 안 되는 휴가를 제외하고는 평생을 스트레스에 빠져 산다. 그러니 이런 기본적인 스트레스에 예기치 못한 사건까지 보태지면, 가령 몸이 아프거나 가족이 세상을 떠나거나 실직하거나 돈을 다 날리면 더는 버티지 못하고 와르르 무너지고 만다.

명상과 관련된 일을 하다 보면 매일매일 이 사회가 얼마나 새로운 방향을 갈망하는지 목격한다. 지금과 같은 삶의 방식은 결국 질병과 불행과 고독을 낳을 뿐이라는 사실을 점점 더 많은 사람이 깨닫고 있다.

우리가 바라는 것은
보정한 프로필 사진이 아니라 진정성이다.
자기 최적화가 아니라 연민이며,
신제품이 아니라 사랑이다.

번아웃 상태로 직장에 사표를 던지고 심리학 공부를 시작했을 당시 나는 쉬지 않고 물었다. "이 사회에서 행복하고 만족한 삶을 살기 위해 정말로 필요한 것은 무엇일까?" 안타깝게도 대부분은 그런 질문을 던질 용기를 내지 못한다. 아니면 넘쳐나는 오락과 자극에 빠져 질문을 던져보자는 생각조차 못한다.

오해하지는 마라. 누구를 비판하자는 말이 아니다. 나 자신도 다람쥐 쳇바퀴만 돌렸고 무지의 미로를 헤매었다. 사회의 강물에 휩쓸리면 누구나 자동으로 그렇게 된다. 많은 사람의 인생 모델을 비난할 의도는 없다. 아니, 나 역시 자가주택과 '안정된' 직장이 큰 만족을 줄 수 있다고 믿으며, 나중에 작은 전원주택에 사는 내 모습을 충분히 상상할 수 있다.

내가 그렇게 하기로 의식적으로 결정한다면 말이다.

나는 평생 무엇을 원해왔던가

여기서 '의식적으로 결정한다'는 말은 욕실에 어떤 타일을 깔지 오래 고민한다는 뜻이 아니다. 의식이란 사회규범에서 벗어난 자신만의 욕구를 알아차리고 자신의 목표와 꿈, 인생관을 깨닫는다는 뜻이다. 의식이란 광고산업이나 사회규범을 맹목적으로 따르지 않고 자기 두뇌의 작동 방식을 이해한다는 뜻이다. 의식이란 아파트냐 단독주택이냐로 시작하지 않는다. 의식은 인생의 근본을 질문한다. 나는 무엇을 원하는가? 무엇이 필요한가? 무엇보다 나는 진정 누구인가? 바로 그 지점에서 여정을 시작해야 한다고 나는 확신한다.

이 질문들에 답하자면 맑은 정신이 필요하다. 세상을 있는 그대로 바라보는 정신 말이다. 그런데 안타깝게도 우리의 정신이 제일 못하는 것이 바로 그것이다.

　태어나는 순간부터 쉴새 없이 밀려드는 타인의 의견과 바람과 욕구가 당신을 빚고 만든다. 처음에는 부모님, 그다음에는 선생님, 친구들……. 거기에 달성한 것, 이룬 것만 따지는 성과 지향적 사회가 입을 보탠다. 초등학생, 아니 유치원생들부터 성적과 비교, 소비의 톱니바퀴를 쉬지 않고 돌린다. 사회는 그 톱니바퀴가 쉼 없이 돌아가도록 당신을 단련하고 채근한다. 노동 세계에서 맡은 역할을 다하도록 당신을 다듬고 매만진다.

　나아가 수십억 매출을 자랑하는 광고기업들이 온갖 심리적 판매 전략을 총동원하여 당신에게 신제품이 필요하다고 계속해서 속삭인다. 소셜미디어는 온라인 활동을 분석해서 당신의 욕구를 당신보다 더 잘 파악한다. 그러고 나서는 특정한 물건을 소비해야만 그토록 바라던 행복을 찾을 수 있다고 쉬지 않고 설득한다. 하지만 막상 물건을 사고 나면 기쁨은 오래가지 못한다. 당신은 이미 조급함에 길들었고, 놓쳐선 안 될 또 다른 신제품이 이미 기다리고 있기 때문이다.

　인생의 종착역에서 당신의 임종을 지킬 사람은 광고회사도, 선생님도, 회사 사장님도 아니다. 인생의 마지막 날 당신 곁엔 오직 한 사람, 당신만이 남는다. 당신만이 곁을 지키며 차분한 목소리로 잘 살았냐고, 많은 경험을 했냐고, 사랑하고 웃었냐고 물을 것이다.

당신은 물을 것이다. 평생 무엇을 기다렸냐고?

무엇을 위해 그렇게 뼈 빠지게 일했냐고?

진실로 살았느냐고?

물론 지금 나는 우리 사회와 개인의 삶을 지나치게 어둡게 그리고 있다. 나도 잘 안다. 바깥세상을 비판하기 위함이 아니다. 나는 당신을 흔들어 깨우고 싶다. 큰일이 일어나기 전에 사람들의 잠을 깨우고 싶다. 정신과 진단서에 '번아웃', '우울증', '불안장애' 같은 글자가 적히기 전에 말이다. 그런 상황에서 다시 힘을 내어 일어서기가 얼마나 고통스럽고 힘든지 나는 누구보다 잘 안다. 물론 살다 보면 힘든 시기가 있기 마련이고, 그것 역시 받아들여야 할 테지만 말이다.

마음이 어지러워도, 오래 헤매었어도 괜찮다

당신이 지금 어디에 있건, 무슨 이유로 이 책을 샀건 아무래도 좋다. 일상의 전장을 떠나지 못해 여전히 자신을 최적화하려 애쓰고, 지금도 명상을 통해 조금이나마 능력을 키우고자 이 책을 읽는대도 괜찮다. 번아웃이나 불안, 무력감으로 고통받고 있어도 좋다. 배우자와 사이가 안 좋거나 얼마 전에 파트너와 헤어졌다 해도 괜찮다. 온종일 부정적인 생각이 머리를 맴돌아도 좋고, 오랜 시간 진리와 사랑을 찾아 헤매왔어도 좋다. 어쨌든 당신의 선택은 옳았다!

당신은 이제 어떻게 해야 하는지 궁금할 것이다. "어디서부터 시작해야 할까요? 다 버리고 새로 시작해야 하나요? 사회를, 기업을, 미디어를 외면하고 저 멀리 떠나야 할까요?" 물론 그래도 좋다. 당신에겐 그럴 자유가 있다. 하지만 이 책에서 들려줄 이야기는 다 버리고 머나먼 섬으로 날아가 서핑 강사가 되자는 내용이 아니다. 이 사회에 선전포고를 날리자는 것도 아니다. 그래봤자 편만 바꾸었을 뿐 여전히 똑같은 게임을 이어가는 셈이기 때문이다.

이 책은 지극히 개인적인 내면의 자유를 이야기하고자 한다. 내면의 자유가 진정으로 중요하다. 가만히 생각해보면 외부의 자유는 이미 다 가졌다. 당신은 마음에 들지 않는 관계를 언제라도 끝낼 수 있다(다만 무엇인가 잃어버릴까 봐 겁이 나서 그렇게 하지 않을 뿐이다). 번아웃의 주범인 직장을 언제라도 그만둘 수 있다(하지만 안정된 직장에 길이 들어 감히 사표를 던지지 못한다). 건강하고 활기찬 삶을 살 수 있다(하지만 게으른 습관을 버리지 못해 과거의 패턴을 되풀이한다). 당신의 발걸음을 멈춰 세우는 것은 외부의 한계가 아니라 내면의 한계이다. 우리가 사는 세상은 마음의 거울에 불과하다. 따라서 바깥에서 아무리 손을 대고 수리를 해봤자 아무 소용이 없다. 정직하고 솔직하게 마음을 들여다보아야 한다. 이렇듯 안을 향하는 시선, 그것이 바로 명상이다.

명상 수업시간에, 혹은 주변에서 나는 새로운 삶을 시작하겠다면서 회사에 사표를 던지는 사람을 많이 만난다. 하지만 장소만 바꾸었을 뿐, 그들은 여전히 해묵은 문제를 질질 끌고 다닌다. 새로 시작하겠다고 파트너를 바꾸어도 그 사람과 여전히 똑같은 싸움을 계속한다. 멀리 이민을 떠나 꿈의 해변에 당도했지만, 손바닥만 한 아파트에서 겪었던 바로 그 문제를 짊어진 채 똑같이 지지고 볶으며 산다. 그런 건 탈출도, 자유도 아니다. 그냥 도망이다. 자기 내면의 전장에서 달아나는 것이다. 바깥의 전장은 바뀌었어도, 여전히 해묵은 규범과 신념, 태도, 불안, 공포, 확신에 끼어서 빠져나오지 못한다.

사회 혁명이나 바깥세상에서의 탈출을 찾아 나설 필요는 없다. 필요한 것은 개별적인 혁명, 지극히 개인적인 혁명이다. 자유는 우리 내면에 있다. 자신을 알면 좁은 셋방에서도, 드넓은 카리브 해안에서도 똑같이 만족하고 행복하게 살 수 있다.

내면에서 확신을 느낀다면 다니던 직장을 계속 다녀도 좋고 다 버리고 세계일주를 떠나도 좋다. 자신의 욕구를 제대로 깨닫는다면 최신 상품에 열광하더라도 그것에 행복을 걸지는 않는다. 행복과 만족은 지금 이 순간에 있음을 깨닫는다면 불만에 찬 표정으로 미래를 쳐다보지 않을 것이다. 자신을 알 때 진정한 삶이 시작된다. 당신이 어디에 있건, 어떻게 살건, 누구와 함께 있건 아무 상관이 없다.

당신의 책장에는 이미 여러 권의 자기계발서가 꽂혀 있을지 모른다. 어쩌면 벌써 안팎으로 많은 시도를 해봤을지도 모르겠다. 그 책들이 권한 이런저런 조언을 열심히 따라 했지만 아무런 소용이 없었던 경험도 있을 것이다. 충분히 이해한다. 오래전 나 역시 갈림길에 서 있었다. 수천 가지 가능성의 세상에선 수만 가지 선의의 조언들이 넘쳐난다. 그러니 안 그래도 넘쳐나는 당신의 '할 일 목록'에 나까지 조언이랍시고 거들고 나서지는 않으려 한다. 아니, 오히려 쓸모없는 것들을 지워나갈 것이다. 이 책은 나 자신에게 돌아가자는 귀환의 초대장이다. 본연의 나에게 말이다. 그것은 무언가를 보태기보다 쓸모없는 것을 깎아내어 멋진 형상을 만드는 석공의 손길과도 같다.

이 책은 당신에게 본성으로 돌아가는 길을 안내한다.
기쁨으로, 사랑으로 되돌아가는 길,
나 자신에게 되돌아가는 길을 함께한다.

명상을 통해 당신은 허덕이는 바깥에서 180도 눈을 돌려 안을 바라보는 법을 배울 것이다. 소비사회와 능력사회의 외침을 따르지 않고 내면의 목소리에 귀 기울이기 시작할 것이다. 이 과정을 거듭하면 필연적으로 자기인식에 이르고 본연의 존재 상태가 드러난다. 난생처음으로 세상과 자신을 진실로 이해하면서, 그토록 갈망해온 기쁨과 사랑과 소속감을 되찾을 것이다.

스스로 사랑하지 못하여, 타인도 사랑하지 못하다

지구의 현 상태는 우리 마음을 비추는 거울이다. 수많은 사람이 의식도 하지 못한 채 불안과 두려움과 분노와 탐욕을 마음에 담고 살면서 바깥세상에서 수많은 것들을 파괴한다. 우리는 자신을 사랑하지 못하기에 세상과 주변 사람들도 사랑하지 않고 함부로 대한다. 그래서 지치고 고된 몸을 이끌고 꾸역꾸역 출근해서는 그 짜증을 동료들에게 퍼붓는다. 농부는 삶의 터전을 잃어버릴까 봐 겁이 나서 우림을 불태운다. 탐욕스러운 투자자는 자연과 인간을 희생시켜 재산을 불리지만 정작 자신을 잃고 만다. 마음에 담긴 탐욕과 분노, 불안은 바깥세상을 파괴하고 고통을 안긴다.

현실이 이렇다 보니 눈길을 안으로 되돌리는 일이 너무나도 중요하다. 겉으로만 행동할 뿐 안은 전혀 변치 않는다면 파괴적인 행동이 결국 자신에게 되돌아온다. 반대로 스스로를 탐구하고 감정을 의식적으로 지켜본다면 굳이 권력과 인정과 끝없는 소비를 추구하지 않아도 된다. 마음은 이미 부유하고 힘이 세며 사랑받는다고 느낄 테니 말이다.

"달라진 세상을 보고 싶다면 스스로 변화해라!"
간디도 평화로운 공존으로 가는 유일한 길이
이것이라 외쳤다.

당신의 온갖 사연과 부담, 모든 어려움과 생각과 문제들 밑에 실로 놀라운 존재가 숨어 있다는 사실을 나는 안다. 우리 함께 자신에게 돌아가는 여행을 시작해보자. 이 여행길에서 나는 스승도, 지도자도 아니다. 나는 그저 당신과 동행할 수 있어 행복한 사람이다. 우리는 함께 각자의 세계관을 캐묻고 굳은 신념과 생각을 시험할 것이다. 본연의 자신이 드러날 때까지 한층 한층 거짓을 벗겨낼 것이다.

거짓과 결별하고
나를 만나기 위한 준비
자신에게로 여행을 떠나려면 시간이 필요하다. 그러므로 나는 당신에게 묻는다. 시간을 낼 마음이 있는가? 이 책을 읽을 시간은 물론이고 당신과 당신 생각을 탐색할 시간 말이다. 자신을 새롭게 만나고 분별없이 바라보며 내면 깊은 곳을 들여다볼 마음의 준비가 되었는가? 자신을 느끼고 정직하게 알아차릴 준비가 되었는가? 자신의 좋은 점은 물론이고 어두운 점도, 불안과 근심과 혼란도 알아차릴 준비가 되었는가?

준비되었다면 진심으로 환영한다. 여행에 필요한 준비는 이미 다 갖추었다. 나는 그저 여행 안내자이자 좋은 친구일 뿐이다. 경험을 해봤기에 걸림돌이 뭔지, 어떻게 도전하고 접근해야 하는지를 아는 친구 말이다.

깊이 없는 삶과
이별하기 위하여

시작하기 전에 일단 출발점을 정하고 왜 이 여행길에 나서려는지 그 이유를 자문해보려 한다. 당신은 왜 이 책을 읽고 있는가? 솔직하게 대답해보자. 진짜 이유가 무엇인가? 아마 당신은 삶에 명상을 데려오고 싶었을 것이다. 하지만 왜인가? 삶의 균형을 잡으려고? 자신을 조금 더 알고 싶어서? 명상을 통해 업무 능률을 높이고 싶어서? 부정적인 감정이나 생각들, 불안에 잘 대처하고 싶어서? 자신과 사이좋게 지내고 싶어서? 인간관계가 조금 더 원만했으면 해서? 건강하게 살고 싶어서? 어쩌면 깨달음을 얻고자 하는 기대로?

생각실험

이 책을 읽으면서, 명상으로 당신은 무엇을 이루고 싶은가? 시간을 내어 고민해보자. 시간을 얼마든 투자해도 좋을 만큼 중요한 질문이다. 대답을 찾겠다고 허겁지겁 이런저런 책들을 뒤적여봤자 아무 소용없다. 답은 당신 자신만이 알기 때문이다. 그러니 시간을 두고 곰곰이 생각해보자.

당신은 왜 이 책을 읽고 있는가?

대답을 찾았다면

축하한다. 자, 그럼 두 번째 질문이다. 바라온 것이 이루어지면 무지막지 불행해지리라는 사실을 확실히 안다고 해도 당신은 그것을 바라겠는가? 성공하면 심히 불행해질 것을 확실히 안다 해도 여전히 성공을 바라겠는가? 자신을 조금 더 알면 불행해지리라는 것을 확실하게 알아도 자신을 조금 더 알려고 하겠는가? 깨달음을 얻으면 불행이 찾아온다고 해도 깨달음을 얻고 싶은가?

바라는 것이 불행을 가져다준다는 사실을 안다면 아마 당신은 그 바람을 접을 것이다. 나는 명상 수업을 시작하기 전에 항상 이 생각실험 문제를 수강생들에게 낸다. 우리가 어떤 일을 왜 하는지, 이 문제가 아주 쉽게 가르쳐주기 때문이다. 우리는 고통을 피하거나 행복하고 싶어서 무언가를 한다.

모든 행동의 근본 동기를 깨달았다면, 이제 다음 질문으로 넘어가보자.

오늘 당신은 행복했는가?
- 행복했다면 이유는 무엇이었는가?
- 그렇지 않았다면 무엇 때문이었는가?
- 어제는 행복했는가? 왜 행복했는가? 아니라면 그 이유는 무엇인가?
- 지난주에는 행복했는가? 행복했다면, 혹은 행복하지 않았다면 그 이유는 무엇인가?
- 올해는 대체로 행복했는가? 어떤 이유에서 행복했거나, 행복하지 않았는가?

책 한 권 읽으려는데 무슨 질문이 이리 많나 싶을 것이다. 하지만 내 말을 믿어라. 당신의 대답이 이 책에 담긴 모든 정보보다 훨씬 더 중요하다. 왜 행복하거나 불행했던지 그 이유를 적었다면 이제 한번 그 대답을 가만히 들여다보자.

당신의 행복은 어떤 요인에 좌우되었던가? 행복의 이유가 바깥에 있었는가? 아니면 당신의 마음에 있었는가? 아내가, 남편이, 상사가, 아이들이, 성공이, 실패가, 상황이 행불행의 원인이었는가? 아니면 외부의 사건을 바라보는 마음가짐, 감정과 생각을 대하는 자세, 긴장을 풀고 여유 있게 즐길 줄 아는 능력이 원인이었던가? 혹시 당신은 여기 존재하며 살아 숨 쉬는 것 자체로 이미 감사하고 행복하다 느끼는 멋진 사람인가?

세상이 나를 창조하게 두지 말 것

많은 사람이 전형적으로 마음의 행복을 오직 외부의 요인에서 찾는다. 당신도 잘 알 것이다. 날이 화창하고 세상만사가 원하는 대로 술술 풀리면 행복하다. 그러다가 예기치 못한 문제가 발생해서 평화가 깨지면 불행하다.

불행하다는 생각이 들면 우리는 행복해지기 위해 바깥에서 사력을 다한다. 더 열심히 일하고, 파트너에게 정성을 기울이거나 아예 새 짝을 찾는다. 돈을 더 많이 벌려고 애쓰고 운동을 더 열심히 하고 더 건강해지려 노력한다. 한마디로 삶을 최적화하려 애쓴다. 이 모두가 다시 행복해지려는 무의식적인 노력이다.

수피 스승 나스루딘

이런 식의 인생 접근법을 지켜보노라면 13세기 지금의 터키 땅에서 살았던 수피 스승 나스루딘의 재미난 이야기가 절로 떠오른다. 나스루딘은 기발하고 재미난 방법으로 깨우침을 주는 스승이었다. 어느 날 해가 진 후에 나스루딘의 제자들이 수업을 들으러 스승의 집으로 향했다.

그런데 가는 도중에 스승을 발견했다. 스승이 가로등 켜진 돌투성이 길가에 털썩 주저앉아 뭔가를 열심히 찾고 있었다. 제자 하나가 놀란 마음에 걱정스레 물었다. "스승님 무얼 찾고 계십니까? 뭘 잃어버리셨습니까?"

"그래. 우리 집 열쇠를 잃어버렸단다. 그런데 아무리 찾아도 보이질 않네." 나스루딘이 대답했다.

"저희가 같이 찾아보겠습니다." 제자들이 달려들어 열쇠를 찾기 시작했다. 모두가 열쇠를 찾겠다고 가로등 밑 돌투성이 길을 반 시간이나 헤집었다.

결국, 제자 하나가 지쳐 물었다. "스승님, 정말 여기서 잃어버리신 게 맞습니까?"

나스루딘이 대답했다. "아니, 열쇠는 저기 뒤편 껌껌한 구석에서 잃어버렸지."

"저기 뒤편요? 아니 그런데 왜 여기 가로등 아래에서 찾고 계십니까?" 제자가 당황해서 물었다.

얼굴색 하나 변하지 않고 나스루딘이 대답했다.

"환하니까 찾기 쉬울 거 아니냐."

2500년 전 붓다도 말씀하셨다. 행복을 바깥에서 찾으면 반드시 고통을 얻는다고 말이다. 수피 스승 나스루딘 역시 제자들에게 편하다고 해서 바깥에서 찾아 헤맬 것이 아니라 마음에(그러니까 올바른 장소에) 불을 밝혀야 한다는 교훈을 전하려 했다.

물론 외부 활동은 인생의 큰 부분이며 중요하다. 하지만 그것이 우리의 유일한 전략이라면 문제가 발생한다. 그렇게 되면 우리는 삶이라는 롤러코스터에 올라타 내려오지 못한다. 롤러코스터가 잘 돌아가면 행복하지만 잘 돌지 못하면 불행하다. 그런데 삶이란 어쩔 수 없이 무상하기에 불행해질 확률이 높다.

삶을 의식적으로 안에서 밖으로 창조하지 못하면 삶은 무의식 중에 밖에서 안으로 일어난다. 붓다와 나스루딘, 예수를 비롯한 인류 역사의 스승 모두가 마음을 들여다보라고 권했다. 붓다는 행복은 우리 안에 있다고 말했고 예수는 "하느님의 나라는 너희 안에 있느니라(누가복음 17장 20~21절)"라고 말했다. 깨달음을 얻은 모든 이가 같은 방향을, 안을 가리킨다.

당신은 깨달음이나 종교, 영성 같은 것에는 아무 관심이 없을지도 모르겠다. 굳이 그런 것들까지 들먹이지 않아도 좋다. 인간의 두뇌만 들여다보아도 정서적 반응이 상황 그 자체에 좌우되지 않는다는 사실을 금방 이해할 수 있다. 그러니까 어떤 사건이 일어난 후 행복할지 불행할지는 두뇌의 신경세포 연결에 달렸다. 의학과 신경학, 심리학의 연구 결과들이 이런 사실을 명백히 제시하고, 이 책에서도 감정을 다룰 3부에서 두뇌의 작동 방식을 조금 더 자세히 알아볼 것이다. 그러니 여기서는 일단 시선을 180도 돌리겠다는 마음의 각오와 호기심을 일깨우는 차원에서 멈추기로 하자.

이 책은 내면으로 떠날 모험의 여행길에 당신을 초대한다. 그러기 위해 굳이 저 바깥을 다 버리거나 비난할 필요는 없다. 내 경험으로 미루어 볼 때 오히려 안을 쳐다보면 바깥도 긍정적으로 변한다.

삶을 있는 그대로 바라보는 기술

요즘 들어 명상과 마음챙김이 큰 인기를 누리고 있고, 특히 마음챙김은 정말이지 붐이다. 내가 보기엔 동양의 스승들이 가르친 지혜가 다양한 학문 분야에서 입증되었기 때문인 듯하다. 명상과 마음챙김의 효과 역시 마찬가지이다. 의학, 신경학, 심리학의 수많은 연구 결과가 명상의 효과를 입증한다. 명상은 집중력을 높이고 생각을 안정시키며 몸의 긴장을 해소해준다. 또 다방면으로 건강과 수면을 촉진하고 활력을 선사한다. 신체 통증은 물론이고 마음의 고통에도 잘 대처하게 도와주며 스트레스, 불안과 우울, 기타 심리 불균형을 개선한다. 노벨 생리의

학상을 수상한 미국 생물학자 엘리자베스 블랙번Elizabeth Blackburn
은 거기서 한 걸음 더 나아가 명상이 노화 속도를 늦춘다는 사
실을 입증한 바 있다.[1]

그런데 명상과 마음챙김이 과연 무엇일까? 이 개념을 정의하
기란 쉬운 일이 아니다. 더구나 명상에는 수많은 형태가 존재한
다. 나는 명상과 마음챙김을 '삶을 있는 그대로 보는 기술'이라
고 생각한다. 하지만 이런 식의 정의는 초보자들에겐 별 도움이
안 될 테니 일단 명상이 무엇인지 조금 더 자세하게 살펴보기로
하자.

거의 모든 형태의 명상의 근본은 한 가지 대상에 관심을 모아
그곳에 머무르는 것이다. 그 대상은 만트라일 수도, 양초일 수
도 있으며, 나중에 더 경험할 테지만 자신의 호흡일 수도 있다.
하나의 대상에 머무르면 의식적으로 인식하는 대상의 반경이
절로 조금씩 넓어지고, 그로 인해 예전에는 미처 몰랐던 부분들
을 알아차리게 된다.

마음챙김은 행동으로 옮긴 명상이라고 보면 된다. 명상 방석
에 앉아서 우리는 정신을 훈련하고 의식을 넓힌다. 마음챙김은
이 의식성을 일상으로 데려온다. 그래서 어디에 있건, 무엇을
하건 몸에서 일어나는 일과 주변에서 일어나는 모든 일을 분별
없이 의식적으로 인식하게 된다.

마음챙김이란,

내가 어디에 있건

매 순간에 온 관심을 쏟는 것이다.

한 획 한 획 의식적으로 붓질을 하는 화가는 마음을 챙긴다. 정성을 다해 책상을 짜고 손가락의 느낌으로 대패질을 점검하는 목수는 마음을 챙긴다. 손님에게 침 튀기며 흥미진진한 추리소설 줄거리를 소개하는 서점 판매원, 상대의 라켓을 초집중하여 노려보는 테니스 선수, 완성된 부품을 집어 들어 정성껏 자기 공정에 끼우는 노동자 모두가 의식적으로 현재의 순간을 인식하고, 온 마음을 다해 이 순간에 존재한다.

마음챙김을 통해 우리는 보다 의식적으로 순간을 경험한다. "보다 의식적으로 경험한다!" 예전에 그런 말을 들었다면 나는 아마 무슨 말도 안 되는 헛소리냐며 웃어넘겼을 것이다. '보다 의식적'이란 것이 도대체 무엇이란 말인가? 세상이 세상이지, 더 의식적으로 인식할 세상이 어디 있다고. 하지만 지금 나는 당신에게 약속할 수 있다. 당신에겐 아직 더 발견할 것이 무한히 많다고 말이다.

하지만 우리는 비극적이게도 마음챙김의 정반대 상태만을 경험한다. 우리는 일상을 완전히 무의식적으로 살아간다. 온갖 문제와 할 일에 정신이 팔려 지금 이 순간의 아름다움을 알아차리지 못한다.

우리는 깊이 없는 삶을 산다. 진실로 살지 못한다. 알람으로 시작하여 잠자리에서 스마트폰 스크롤로 막을 내리기까지, 온종일 바깥에서 일어나는 수천 가지 일에 반사적으로 반응하며 쫓기는 사람처럼 허둥대느라 도무지 자신에게 머무르지 못한다. 이 문제를 다룬 연구 결과들을 보면 서구사회 성인은 하루 최고 95퍼센트까지 무의식적 상태에서 산다고 한다.

그러면서도 우리는 오래오래, 가능하다면 영원히 살기를 바란다. 하지만 수명 연장보다, 더 의식적이고 깨어 있는, 심오한 삶을 추구한다면 어떨까? 무의식적 상태를 하루 95퍼센트가 아니라 10퍼센트로 줄이면 어떻게 될까? 그러면 우리는 예전보다 무려 열여덟 배나 더 오래 깨어 있는 '현재의 삶'을 살 것이다. 순간을 향유하는 시간이 늘어날수록 우리의 경험도 더욱 풍성해질 테고 말이다.

그러면 같은 시간을 살아도(어쩌면 스트레스가 줄어 건강해져서 더 오래 살지도 모르고, 엘리자베스 블랙번의 말대로 노화 속도도 더 늦어질지 모른다) 그 시간이 활기로 가득 찬다. 완전한 삶의 질을 경험하게 되는 것이다. 그것만이 아니다. 삶의 질이 향상됨과 더불어 우리는 깨어날 것이다. 추상적으로 들릴지 몰라도 우리는 각성할 수 있다. 깨어남이란 모든 인간이 경험할 수 있는 실제 상태이다. 종교처럼 믿어야 하는 것이 아니다. 아니, 탐구하는 비판 정신은 오히려 장점이 된다.

언젠가 내 명상 스승께서도 이런 말씀을 하셨다. "평생 무의식 상태로 사느니 단 하루를 살아도 경험하는 것과 더불어 살고 싶다." 무의식으로 가득한 일생을 깨인 정신으로 경험하는 단 하루와 흔쾌히 바꾸겠다는 말씀이었다. 명상으로 경험하는 지혜는 그 정도로 심오하다. 지금껏 잊은 적 없는 이 말씀이 아마 당신에게도 명상의 세상으로 손짓하는 아름다운 초대장이 될 것이다.

중요한 것은 단 하나, 지금 이 순간의 경험이다

나는 이 책에서 우리 정신이 미래나 과거에 붙들려 있다는 말을 자주 한다. 무슨 말인가 하면, 두뇌가 쉬지 않고 불러들이는 과거나 미래의 이미지와 생각에 우리의 의식이 완전히 빨려들어 간다는 뜻이다. 하지만 지금 말고 다른 순간은 존재하지 않는다. 정확히 말하면 우리는 단 한 번도 지금 말고 다른 곳에 있던 적이 없다. 우리는 단 한 번도 실제로 과거나 미래에 있던 적이 없다는 말이다.

내일이면 또 하루가 시작될 테고, 다음 주면 다시 출근하는

게 확실하다고 해도 그건 관념에 불과하다. 그 관념이 실제 경험이 되거나 뭔가 다른 일이 일어나기 전까지는 말이다. 당신이 가진 것, 가졌던 것, 앞으로 가질 것은 이 순간뿐이다. 이 순간을 의식적으로 경험하는 것, 그것이 바로 마음챙김이다. 세상만물을 알아차리는 것뿐, 더도 덜도 아니다.

이 책은 생동하는 현재의 순간과 다시 자연스럽게 만나도록 당신을 도울 것이다. 필요할 때는 생각하고 계획하고 기억하더라도, 필요하지 않을 때는 고요하도록. 명상을 하면 자신의 감정을 다시금 자연스럽게 대하고, 나아가 한 차원 더 높고 더 유쾌한 감정을 연마할 수 있을 것이다. 물론 하루아침에 가능한 일이 아니다. 오래 걸어야 한다.

흔히 명상에 대해 이런 오해를 많이 한다. 명상을 시작하면 곧바로 행복과 깨달음, 마음의 깊은 평화를 마주할 것이라고 말이다. 그렇지 않다. 명상을 시작하면 아마도 가장 먼저 생각을 만날 것이다. 망상, 미래 걱정, 자신과 상황에 대한 부정적인 상념……. 훈련되지 않은 정신은 하루 내내, 특히 명상 초기에 수천 가지 생각과 마주친다. 그러기에 우리의 사고 세계를 살펴보는 데서 여정을 시작하려 한다.

또 생각과 더불어 우리 삶을 지배하는 것은 감정이다. 우리는 고통을 피하고 즐거움을 찾는 데 최선을 다한다. 하지만 즐거움을 찾느라 방향을 상실해서는 안 될 것이므로 3부에서는 감정을 자세히 살펴본다. 명상 방석에 앉아 있지 않고서도 매 순간 감정을 건강하게 마주할 방법을 돌아볼 것이다.

그다음에는 어쩌면 당신 인생에서 가장 중요할지 모를 질문을 탐구한다. 당신은 진정 누구인가? 당신의 진짜 본성은 무엇인가? 이 책을 읽는 자는 누구인가? '나는 누구인가?'라는 질문은 모든 명상 수행의 목표인 자기인식으로 이어진다. 이때 초점은 '인식'에 맞춰져야 한다. 믿어야 하는 것이 아니다. 중요한 것은 단 하나, 당신의 경험이다.

마지막으로 정신(마음)의 본성을 정리한 후 책과 함께 배우고 경험한 모든 내용을 일상으로 옮겨 루틴으로 만들 방법을 알아보는 것으로 마무리하려 한다. 그래야 진정으로 의식적인 삶을 만들어나갈 수 있을 테니 말이다.

명상을 시작했다가 금방 포기하는 사람을 나는 많이 보았다. 큰 기대를 걸다가 빨리 포기해버린다. 물론 기대가 잘못은 아니다. 하지만 열매는 몇 년에 걸친 수행 끝에 맺히지, 한 번의 명상으로 바로 딸 수 있는 것이 아니다. 큰 기대를 품었는데, 막상 해보니 특별한 것이 없기에 많은 사람이 금방 실망하고 명상을 포기해버린다. 따라서 나는 그런 일이 일어나지 않도록 최선을 다할 예정이다. 명상이 당신과 우리가 사는 세상을 바꿀 수 있는 길이라고 굳게 믿기 때문이다.

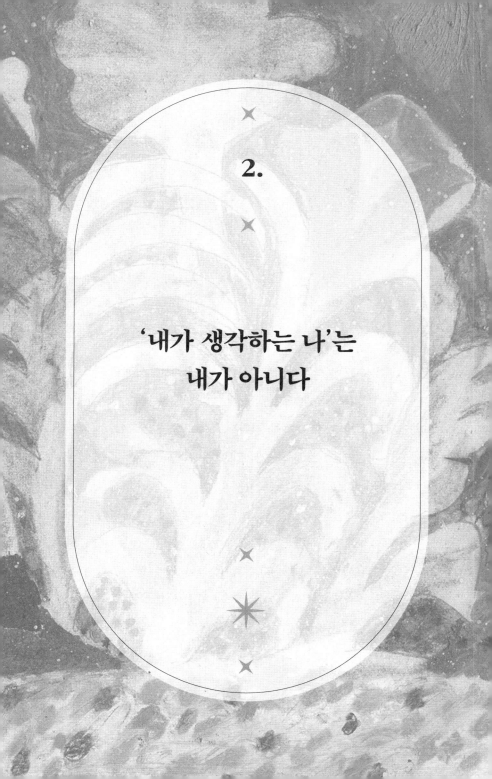

2.

‘내가 생각하는 나’는
내가 아니다

생각이 너무 많아
생각을 그만둔 나

내 인생에서 가장 스릴 넘치는 만남을 꼽으라면, 심리학 공부를 막 시작한 그해 여름 휴가를 꼽을 것이다. 당시 나는 무한한 심리의 세계에 푹 빠져 휴가를 가면서도 전문 잡지와 책을 산더미로 이고 지며 가져갔다. 하지만 그 모든 책보다 훨씬 더 매력적인 경험을 했다.

나와 같은 호텔에 한 중년 남성이 묵고 있었는데, 그는 깔끔한 옷매무새에 갈색 머리칼은 풍성했고, 입에는 늘 미소가 머물렀다. 그 부부의 식당 자리가 우리 식탁 바로 옆이었기 때문에 우리는 두세 번 인사를 나눈 끝에 마침내 대화를 나누었다. 그동안 다녀온 여행 장소들을 들먹이며 그곳에 가면 무얼 할 수 있는지, 그 장소가 얼마나 아름다운지 서로 소개하였다. 여행지에서 흔히 나누는 잡담이었다.

그런데 이튿날 조식 시간에 다시 만난 그는 완전히 다른 사람이었다. 내가 웃으며 인사를 건넸는데도 뚱하니 쳐다보기만 했다. 그래도 나는 별스럽게 생각하지 않았다. 어젯밤에 잠을 잘자지 못했거나 부부 싸움을 했나 보다 정도로 여겼다. 하지만아침을 먹는 두 사람을 흘깃흘깃 쳐다보다가 그만 깜짝 놀라고말았다. 행동거지가 완전히 달랐다. 말하는 품새도 달랐고 자세도 달랐다. 어제는 그렇게나 공손하고 얌전하던 사람이 오늘은시끄럽고 볼썽사나웠다. 게다가 세상 최악의 장소에 온 사람처럼 계속 투덜거렸다. 아내 역시 확연히 더 긴장한 모습이었다.그가 밥을 먹다 말고 갑자기 식당을 나가버리자 그녀는 억지웃음을 지으며 나를 쳐다보고는 사과했다. "미안합니다. 남편이다중인격장애라서요. 최근에 상당히 호전되었는데 오늘 갑자기상태가 안 좋네요."

일반적으로 다중인격장애라고 부르는 해리성정체감장애Dissociative Identity Disorder, DIS는 인간의 정신력을 연구하는 분야에서도압도적으로 가장 스릴 넘치고 신비로운 분야이다. 이 장애는 해리성장애 중에서도 가장 심각한 형태이다. 여러 인격이 한 사람안에 존재하며 번갈아 등장하는데, 보통 각 인격이 다른 인격을잘 알지 못하기 때문에 여러 성격과 기호, 능력, 기억을 갖는다.

한 사람의 인격 전체가 한순간에 변할 수 있다는 사실부터가 참으로 믿기 힘들다. 하지만 그보다 훨씬 더 매력적인 사실은 그에 따른 신체 변화이다. 가령 자세가 완전히 달라지기도 하고 생리 주기, 지능, 언어 능력, 알레르기 반응도 달라진다. 심지어 한 인격이 나타날 때에는 눈이 멀었다가 다른 인격이 나타나면 앞을 보는 경우도 있다.[2] 한 인격은 당뇨병이나 다른 질환을 앓는데 다른 인격이 나타날 때는 질병의 증상이 싹 사라지기도 한다.

생각이 곧 나라는 착각

2500년 전 붓다의 말씀은 이런 흥미로운 연구 결과를 뒷받침한다. 붓다는 말씀하셨다. "일체유심조—切唯心造! 세상 모든 것은 오직 마음이 지어낸다."

이제 가장 중요한 질문이 남는다. 당신의 마음을, 당신의 생각을 어떻게 대해야 할까? 당신은 자기 두뇌의 주인인가, 아니면 두뇌가 당신의 주인인가? 사실은 이렇다. 생각은 당신의 내면세상을 창조하고, 창조된 내면은 바깥세상을 창조한다. 생각이 건강과 행복, 관계와 성공, 개인의 발전은 물론이고 영적 여정까지도 책임진다. 행복하다고 확신하면 많은 행복을 경험한다. 인생이 고단하고 부당하다고 생각하면 많은 고통이 닥친다.

늘 부족하다고 생각하면 결핍이 삶을 주관하고, 하루하루가 큰 선물이라 생각한다면 그 생각이 현실이 된다.

　일체의 경험은 생각을 따르며,
　생각은 다시금 내적 확신에서 나온다.

　아직 훈련되지 않은 우리 마음은 종일 생각에 골몰한다. 가부좌를 틀고 앉아서 제일 먼저 깨닫는 것도 아마 당신의 생각일 것이다. 연구 결과를 보면 우리는 하루에 4만에서 8만 가지 생각을 한다. 매일매일! 그러므로 이 장에서는 당신의 생각을 탐구하고, 더 나아가 당신 인생 전반을 떠받치는 기둥을 살펴보려 한다. 고작 2.5킬로그램밖에 안 되는 두뇌에서 일어나는 일들이 사람의 인생을 좌우하기 때문이다.

　미국의 한 의학전문 기자가 발표한 연구 결과를 보고 크게 감동한 적이 있다. 병원에서 불치 선고를 받았지만, 암을 이겨내고 생존한 100명의 암 환자를 대상으로 실시한 연구였다. 기자는 그 이유를 알아내고 싶었다. 처음에는 도무지 공통점을 발견할 수 없었다. 화학요법, 다이어트 프로그램, 방사선 치료, 수술, 영적 치유 등 환자마다 받은 치료도 각양각색이었다. 실제로 모든 생존자에게서 발견된 공통점은 단 하나뿐이었다. 병을 이겨내고 살아남을 것이라는 굳은 확신!

명상을 통해 얻은 나의 굳건한 확신과 경험 역시 현실은 마음의 패턴이 만든 작품이라고 말한다. 근본적으로는 우리 모두 몸소 경험해볼 수 있는 일이다. 지금 보고 있는 곳을 손가락으로 가리켜보라. 뭔 한심한 소리냐고? 책이 코앞에 있는데 책 말고 어디를 가리키겠냐고? 하지만 진실은 그렇지 않다. 책 자체는 본질상 99.9999퍼센트가 빈 공간이다. 그러니까 당신이 가리킨 책은 0.0001퍼센트만 물질이다.

원자 하나가 축구장만큼 크다면 물질의 핵은 잔디밭 한가운데 놓아둔 성냥개비 머리 하나보다도 작다. 그 말인즉슨, 당신이 매일 보고 경험하는 책, 방, 세상은, 당신이 견고하게 '실재한다'고 생각하는 이 세상은 그저 당신의 두뇌에서 창조된다는 뜻이다. 당신의 의식은 대부분 빈 공간으로 이루어진 사물들의 정보를 이용하여 견고한 세상을 빚는다. 심지어 우리가 물리 시간에 배웠던 원자의 '견고한' 부분조차도 우리 생각만큼 그리 '견고'하지는 않다.

이 모든 사실은 영적인 생각이 아니라 과학이 밝혀낸 결과이다. 뇌는 눈에 떨어지는 빛으로 이미지를 창조한다. 그리고 뇌의 신경세포는 그 이미지와 당신의 경험을 짝지어서 당신의 세상을 창조한다. '일체유심조'라는 붓다의 말씀은 엄청난 깊이가 있는 것이다.

나는 수많은 연구로 입증된 지식이야말로 기존 세계관을 의

심하고 '인생'이라는 신비에 호기심 어린 시선으로 접근하는 안내장 역할을 한다고 생각한다. 굳이 양자역학을 알아야 할 필요도 없다. 조금 더 자세히 바라보기만 해도 생각이 삶을 만든다는 사실을 깨달을 수 있다. 지난 몇 년, 몇십 년간의 생각이 당신이 느끼는 감정이 되었고 감정에서 당신의 행동이 탄생하였다. 그리고 바로 그것으로 당신은 당신만의 현실을 만들었다. 심리학의 지식이나 양자역학의 신비에 푹 빠져도 좋고, 그저 자신의 행동을 냉정하게 살펴도 좋다.

모든 것은 생각에서 탄생하며, 당신의 생각이 당신의 세상을 만들었다. 그러므로 이번 장에서는 당신의 사고 세계를 세밀하게 살핀다. 생각이 대체 무엇인지, 어떻게 생겨나는지, 어떻게 하면 건강하지 못한 생각에 힘을 빼고 창조적인 생각에 힘을 실어 삶에 뿌리내리게 할 수 있는지를 알아본다.

괴로움이 켜켜이 쌓인
슬픈 마음을 마주하다

한 사람의 사고 세계는 그의 독백에서 드러난다. 자동차 회사에서 일하던 시절 정말로 착한 엔지니어 동료가 있었다. 키가 껑충한데 늘 등을 살짝 구부리고 다녔고 80년대에나 유행했을 커다란 뿔테 안경을 쓰고 유행이 지난 옷을 입고 다녔다. 누가 봐도 외모에는 그다지 신경을 쓰지 않았다. 약간 뚱뚱하기는 해도 워낙 싹싹해서 누구든 도움을 청하면 두말하지 않고 달려가는 천사같은 사람이었다.

그런데 그와 사무실에 앉아 있을 때마다 늘 중얼거리는 소리가 들렸다. 끝없이 밀려드는 생각의 물결을 그가 나지막하지만 누구나 들을 수 있을 정도로 내뱉는 것이었다. 그는 짧은 직장생활 동안 내가 만난 엔지니어 중 단연 최고의 실력을 지녔음에도 늘 이렇게 말했다. "난 바보야, 할 줄 아는 게 없어……. 아이고, 이건 애들도 알겠다……. 난 왜 이리 멍청할까……." 자책으로 가득한, 부정적이기만 한 내적 대화였다.

주변 동료들은 그런 행동에 이미 익숙해졌는지 별 신경을 쓰지 않았다. 하지만 나는 계속해서 마음이 쓰였고 결국 어느 날엔가 불쑥 이렇게 물었다. "네 절친이 너한테 그렇게 얘기한다면 그래도 계속 친구 할 거야?" 그는 당황한 표정으로 무슨 말이냐고 물었다. 자신을 얼마나 부정적으로 대해왔는지 전혀 의식하지 못한 듯.

대부분이 그와 별반 다르지 않다. 나의 동료처럼 심각하게 생각하지는 않겠지만, 자신을 단죄하는 부정적 대화로 내면세계를 슬픔으로 장식한다. 그러다 명상을 시작하면서 눈물 젖은 내면세계를 서서히 마주한다.

나 역시 첫 명상 수련에서 그런 경험을 했다. 무릎이 아프고 참기 힘들 만큼 따분한 데다 강렬한 감정들이 솟구쳐 올랐다. 그러나 무엇보다 기억에 남는 것은 내 머릿속에서 끝없이 들려오던 이야기들이었다. 몇 시간에 걸친 자신과의 대화. 그칠 마음이 없는 생각과 이야기의 물결. 겉으로는 고요했지만 마음은 미쳐 날뛰었다. 조금 전까지 창밖 맞은편 지붕의 기와 숫자를 세고 있었는데 갑자기 앞으로도 직장에 잘 다닐 수 있을지 걱정이 들었다. 그러자마자 왜 내가 여기서 이런 짓을 하고 있는지 의문이 비집고 나왔다가 점심 메뉴가 뭘까 궁금해졌다. 그중에서도 단연 압도적으로 많은 자리를 차지한 생각은 신세 한탄이었다. '왜 나에게 그런 일이 일어나야 했나?' 내 마음은 이 질문을 각종 버전으로 바꾸어 던지고 또 던졌다. 아마 당시 내가 상당히 힘든 시기였고, 반쯤 번아웃된 상태에서 회사에서 어떻게든 버텨보려고 안간힘을 쓰고 있었기 때문이었을 것이다. 나는 괴로움을 호소하는 마음의 목소리와 고통에서 해방되고자 수행으로 도망쳤다. 그러나 외부 자극이 거의 없는 고요한 명상 방에서는 오히려 혼잡스러운 마음이 더 또렷하게 무대에서 상영되었다.

　건강한 방식으로 마음을 대하지 못하면 속수무책으로 생각에 내던져진 자신도 깨닫지 못한다. 마음의 스승이 되지 못하면 인생은 항상 안과 밖의 롤러코스터에 휘둘린다. 우리는 마음의 평화를 찾겠다며 바깥의 모든 것을 생각대로 움직이려고 쉼 없이 투쟁한다. 하지만 정작 마음의 평화는 나 자신이 만든다는 진실은 까맣게 모른다.

마음의 평화는 자기 생각을 건강하게 대하는 것에서 시작한다. 그 기초는 명상과 마음챙김이다.

마음이 부리는 난동을 잠재우려면

생각을 만난다고 해서 생각의 내용을 일일이 따져야 하는 것은 아니다. 생각이란 도대체 무엇인지를 한번 생각해보자. 마음챙김이란 자기 생각을 깨닫고 어떤 생각이 삶을 결정하기를 바라는지 스스로 정립하는 과정이다.

불교에서는 마음을 원숭이에 비유한다. 정말로 그렇지 않은가? 생각은 작은 원숭이처럼 우리 머리에 살면서 온종일 제 하고 싶은 대로 한다. 이 문제에서 저 문제로 뛰어다니고 따분하면 소란을 피우고 딴짓을 하다가 무언가 뜻대로 안 되면 난동을 부려 골칫거리를 만든다.

그런데 이 '원숭이 마음'조차 인간이 자연과 더불어 살 때 생긴 말이다. 지금의 시각에서 보면 너무 잔잔하고 정적인 비유이다. 이제는 그 정도 표현으로는 어림도 없다. 능률사회, 소비사회에서 각종 미디어의 채찍질이 난무하고, 무엇을 해도 못마땅한 불만에 쫓기며 허둥지둥 바쁘게 돌아가는 21세기에는 크게 숨 쉴 여유조차 없다. 원숭이 마음은 엄청나게 자라나 마약 먹은 킹콩이 되고, 쉬지 않고 자신을 파괴하며 난동을 피운다.

우리는 평화를 바란다. 하지만 우리는 킹콩에게 안 그래도 넘쳐나는 것을 더, 더 주고 있다. 더 많은 소셜미디어, 더 많은 압박, 더 많은 요구를 퍼준다. 더 많이 창조하고 더 많이 달성하려 하며 더 능률을 올리고 더 많이 비교한다. 그렇게 하면 언젠가 만족을 느낄 수 있으리라는 기대를 품에 안고서. 하지만 결국 그 모든 것은 킹콩을 더 자극할 뿐이다.

킹콩을 다시 원숭이로 만들려면, 잘 달래어 말 잘 듣는 하인으로 삼으려면 일단 녀석을 자세히 알아야 한다. 어마어마하게 큰 고릴라가 사는 신비의 섬으로 떠난다고 상상해보자. 당신은 녀석을 관찰하고 연구할 임무를 맡았다. 녀석이 종일 무얼 하는지, 어떻게 해야 차분해지고, 어떻게 하면 더 날뛰는지……. 학자이자 모험가가 되어 녀석을 건드리거나 방해하지 않고 가만히 바라보기만 한다.

모험가가 멀리서 킹콩을 연구하듯 당신도 당신의 생각을 관찰할 수 있다. 그것이 어디서 와서 어디로 가는지, 어떻게 난동을 부리고 어떤 문제를 일으키는지 관찰해보자. 얼마나 멍을 때리는지, 얼마나 자신과 이야기를 나누는지, 얼마나 과거를 헤매며 아직 오지도 않은 미래를 노려보는지. 얼마나 자신을 모질게 대하고 남들과 비교하는지……. 관찰하면 깨어 맑아질 것이므로 서서히 이 킹콩의 성품을 깨닫게 된다.

마음의 본질을 들여다보다

분별하는 마음 | 아마도 가장 먼저, 당신의 마음이 쉬지 않고 모든 것을 분별하려 한다는 사실을 깨달을 것이다. 지금 이 구절을 읽으면서도 분별한다. '그래. 맞는 말이야.' 혹은 '뭔 말도 안 되는 소리야.' 이렇게 말이다. 때론 주변 사람들을 분별하여 이 사람은 이 서랍에 저 사람은 저 서랍에 집어넣는다. 과거의 사건을 분별하여 곱씹고 또 곱씹는다. '그 말은 하지 말았어야 했어.' '왜 그렇게 했을까?' 무엇보다도 당신은 쉬지 않고 자신을 분별한다. 자신의 행동, 외모, 기분, 능력을 모조리 비난하거나 칭찬한다. 마음의 이런 성질을 관찰하는 일은 참으로 매력적이다. 정말로 당신은 모든 것을 분별한다. 보고 듣고 맛보고 냄새 맡고 느끼는 모든 것을 평가한다. 모든 인식을 자동으로 서랍 속에 분류해 넣는다.

마음챙김을 오래 하다 보면 굳이 노력하지 않아도 자동으로 분별이 멈춘다. 그렇지만 처음에는 일단 알아차리는 것만으로도 충분하다. 굳이 분별을 멈추려 애쓰지 않아도 된다. 분별하고 있다는 사실을 알아차리기만 해도 변화는 시작된다. 키가 10미터나 되는 거대한 킹콩에게 달려가 "하지 마. 가만히 있어!"라고 외치는 위험을 감수하지 않아도 된다는 말이다. 그렇게 소리치면 그 거대한 짐승이 어떤 반응을 보일 것 같은가?

자기 생각을
평화롭게 알아차리는 것만으로
충분하다.

알아차리기만 해도 어마어마한 해방감이 밀려온다. 당신은 지금까지 쌓아온 무의식적 패턴에서 빠져나올 수 있다. 분별에 더는 반응하지 않거나 그 분별이 옳다 그르다, 평가하려 들지 않을 것이다. 그 모든 것이 그저 수천 가지 생각 중 하나에 불과하다는 사실을 깨닫고 저절로 떠날 때까지 그대로 둔다.

이런 종류의 의식화는 비동일시deidentification의 한 형태이다. 비동일시란 생각이 곧 '나'가 아니며, 자신의 생각을 관찰할 수 있다는 사실을 깨닫는 과정이다. 당신은 킹콩에게서 마약을 빼앗아 아주 자연스러운 방식으로 녀석을 진정시킬 수 있다. 책장을 넘기기 전에 꼭 아래의 훈련을 해보자.

그저 관찰한다

긴장을 풀고 바른 자세를 취한다. 눈을 감고 지금 어떤 생각이 머리를 스쳐 지나가는지 가만히 관찰한다. 분별하지 말고, 아주 평화롭게, 그저 알아차린다.

책을 끝내는 것보다 훈련이 먼저이다. 직접 경험해보지 않은 대답은 삶에 변화를 일으키지 못하므로 아무 소용이 없다. 킹콩이 사는 섬으로 모험을 떠난 이야기를 읽을 뿐, 거대한 킹콩을 한 번도 직접 본 적 없는 것과 같다. 이 책을 읽어서 뭔가 득을 얻고 싶다면 읽은 내용을 적용하여 실천에 옮겨야 한다. 그렇지 않으면 아무리 대단한 지식도 한낱 종이의 글씨에 불과하다. 시간을 내어 1분 만이라도 자기 생각을 관찰해보자.

여러 깨달음이 오고 갈 것이다. 가장 많이 얻는 깨달음은 생각이 하늘의 구름처럼 왔다 간다는 것이다. 어떤 생각은 조금 더 오래 머물고 어떤 생각은 금방 사라지지만, 어쨌든 결국 모든 생각은 다시 떠난다. 두 번째로, 어떤 생각을 알아차리더라도 순식간에 다른 생각이 정신을 빨아들여 생각의 미로에서 길을 잃을 수 있다. 몇 초, 심할 때는 몇 분 후에야 그 사실을 알아차리고, 그제서야 다시 정신을 차려 관찰자의 입장으로 돌아간다. 세 번째는 아무 생각도 없는 상태에 이를 수 있다는 것이다. 깨달음의 힘만으로 당신은 마음에 고요를 선사할 수 있다.

자신을 비난하는 마음 | 자신을 비난하는 마음도 분별의 한 형태이다. 만일 다른 사람이 당신을 종일 쫓아다니며 쉬지 않고 귀에다 이렇게 속삭인다고 상상해보자. "어차피 넌 못해. 넌 사랑받을 가치가 없는 인간이야. 제대로 된 친구도 없지? 다 네 탓이야. 네가 괜찮은 인간이 아니거든. 그러니까 더 노력해. 살도 빼고 승진도 하고, 더 행복하고 더 똑똑하고 자의식 넘치는 인간이 되어야 해. 그러지 못하는 건 다 네 잘못이야. 하긴 노력하면 뭐하니. 어차피 안 될 텐데."

　　당장이라도 주먹을 날리지 않을까? 몇 분도 안 지나 인내심이 바닥을 보이고 그 입 닥치라고, 꺼지라고 소리칠 것이다. 그런데 당신의 마음은 어떤가? 당신의 마음은 부모님이나 선생님의 확신, 나아가 사회의 신념에 완전히 물이 들었다. 어릴 적부터 우리는 원래의 자신과 달라야 한다고 배운다. 움직이고 싶어도 가만히 앉아 있어야 하고 말하고 싶어도 입 다물어야 한다. 우리가 배워온 수천 가지 가르침은 결국 따지고 보면 다 똑같은 내용이다. "넌 모자라는 사람이야. 지금 이대로는 옳지 않아." 이런 말을 수십 년 듣다 보면 어느 사이 남들의 확신이 나의 내면에 옮아서 쉬지 않고 나 자신을 단죄한다.

　　여기서 벗어나려면 생각을 알아차리는 능력을 키워야 한다. '아, 내가 또 나를 비난하는구나.' '이런 식으로 내가 세뇌를 당했구나.' 당신은 머릿속 생각이 자신이 아님을 깨달을 수 있다.

당신은 당신의 생각이 아니다! 그러니 그 생각을 마음 편히 내버려두자. 생각을 하늘의 구름처럼 바라보는 것만으로 이미 충분하다.

되풀이하는 마음 | 자기 생각을 가만히 들여다보면, 그 생각들이 계속 반복된다는 사실도 금방 알아차린다. 마음은 실질적인 해결책을 찾지도 못하면서 계속 같은 문제를 맴돈다.

대표적인 사례가 과거 생각이다. 다들 경험이 있을 것이다. 누구랑 대화를 나누었다. 한참 지나고 나서도 당신의 마음은 여전히 그때 해야 했을 말을 고민한다. 이제는 어쩔 수 없는 일을 두고 영원히 내적 대화를 반복한다. 미래도 마찬가지이다. 우리는 끝없이 미래의 시나리오를 그려댄다. 하지만 솔직히 말하면 대부분은 어차피 일어나지도 않는다.

원숭이 마음은 아무런 목적 없이 이 나무 저 나무를 뛰어다닌다. 무언가에 관심이 생기더라도 금방 싫증이 나서 새로운 것을 찾아 나선다. 하나의 생각을 끝까지 마무리하기도 전에 다른 생각이 끼어들고 그러다 금방 다시 처음 생각으로 돌아가지만 역시나 마무리 짓지 못한다. 우리의 마음은 이렇듯 같은 생각을 하고 또 한다.

물고 늘어지는 마음 | 해가 쨍하고 하늘에 구름 한 점 없을 때

에는 누구나 후하다. 마음이 무의식이나 백일몽에 빠져 길을 잃는다고 해도 개의치 않는다. 하지만 벼락이 치고 파트너가 화를 내고 직장에서 문제가 생기면, 몸이 아프거나 돈이 모자라고 아이들이 골치를 썩이면 킹콩은 마약을 더 털어 먹고서 문제를 물고 늘어진다.

실상 문제 해결 역시 마음의 일이건만 우리의 킹콩은 이를 배운 적이 없으므로 어떻게 문제를 건설적으로 풀어야 하는지 알지 못한다. 그래서 밤이고 낮이고 그 문제를 질근질근 씹어댄다. 덕분에 당신은 도통 잠을 이루지 못하고 깜빡 잠이 들었다가도 한밤중에 두근대는 심장과 불안감을 안고 벌떡 일어나기 일쑤이다. 해결이 필요한 상황에서 녀석은 고민을 끝까지 하지도 못하며, 절대 해결되지 않는 문제나 운명도 있다는 사실을 이해하지도 못한다. 말 그대로 문제에 빠져 길을 잃는다.

창조적인 마음 | 지금껏 살펴본 킹콩의 성품은 이렇듯 온통 부정적이지만 잊지 말아야 할 사실이 있다. 녀석은 착하지도 나쁘지도 않다. 녀석은 당신이 그에게 했던 그대로 만들어졌다. 당신이 지금껏 삶을 무의식적으로 살았다면 녀석은 그런 과거의 각인이 낳은 결과물이다. 그러나 당신이 각성하고 녀석을 훈련한다면 녀석은 당신이 바라던 모습으로 재창조된다. 킹콩이 가진 모든 에너지는 (잘 사용하면) 창조력이 될 수 있다. 당신의 마

음은 파괴할 수도 창조할 수도 있다. 창조적인 부분에 대해서는 맨 마지막 장에서 어떻게 하면 삶을 의식적으로 살 수 있는지를 다루면서 자세히 살펴볼 것이다. 그전에 일단 우리의 킹콩을 길들여 말 잘 듣는 신하로 만들어야 한다.

생각의 속박을
끊어내고

마음의 여러 성질을 알아보았으니 이제 머릿속 목소리가 어디서 왔는지를 알아볼 참이다. 목소리는 어떻게 탄생할까?

까마득한 옛날로 거슬러 올라가자. 순수하고 연약한 아기가 세상에 태어난다. 아기는 지식욕에 불타서 주변에서 일어나는 모든 일을 거르지 않고 그대로 흡수한다. 아기는 안전과 영양, 사랑이면 족하다. 기본 욕구의 만족도 중요하지만 사랑도 빼놓을 수 없는 필수요건이다. 사랑을 향한 갈망을 품고서 우리는 보호자를 바라보았다. 그들은 신이나 진배없는 존재였다. 우리는 이 세상을 어떻게 살아가야 할지 그들에게서 배웠다. 그들의 행동과 사고방식, 가치관과 확신, 사회에서 통용되는 규범과 종교적·문화적 가치를 거르지 않고 받아들였다.

진짜 내 생각은 어디에 있는가?

그들의 사랑을 너무도 갈망했기에 우리는 그들의 관념에 맞추려 노력했다. 그런데 이 과정에서 안타깝게도 그들의 기대에 부응하지 못하는 일이 자주 일어났다. 우리는 그들이 입혀준 옷에 맞지 않는 사람이었다. 물론 부모님은 최선을 다했겠지만, 그 최선이 우리의 최선과는 달랐다. 우리는 '잘못'되었으므로, 사회시스템에 맞추어야 했고 그들의 요구를 들어야 했으며 '제대로' 기능해야 했다.

이 각인 과정을 나는 '멍멍 효과'라고 부른다. 각인 과정은 어린 시절에만 일어나지 않는다. 우리 아들은 지금 한창 이 각인 과정에 있다. 아이에게는 모든 네발짐승이 멍멍이(그러니까 강아지)다. 고양이도 멍멍이, 강아지도 멍멍이, 소도 멍멍이, 양도 멍멍이다. '멍멍이'를 볼 때마다 손가락으로 가리키며 "멍멍"이라고 짖는 시늉을 한다.

지난주에 일을 마치고 잠깐 조깅을 하다가 개 두 마리를 끌고 산책 나온 여성을 만났다. 그들을 본 순간 내 머리에 어떤 생각이 떠올랐을까? 그렇다, 바로 멍멍이다. 아들이 네발짐승만 보면 손가락으로 가리키며 "멍멍"이라고 외치기 때문에 내 마음에 그 단어가 그만 각인된 것이다.

물론 갓난아이 때의 각인은 훨씬 더 강렬하고 지속적이다. 아이의 두뇌는 6~7세까지 경험하는 모든 것을 거르지 않고 받아들여 자신에게 전염시킨다. 어린아이의 뇌파는 대부분 세타파 영역대에 집중되어 있다. 성인의 경우 잠을 자거나 깊은 최면에 빠진 상태이다. 이 상태는 무엇보다 정보를 거르지 않고 그대로 받아들인다는 특징이 있다.[3]

이렇게 상상해볼 수 있다. 당신은 작은 컴퓨터로 이 세상에 태어났다. 당신은 세상에 하나뿐인 특성과 용량을 갖고 태어난 유일한 컴퓨터이지만 겉보기엔 다른 컴퓨터와 크게 다르지 않다. 향후 7년 동안 당신이라는 컴퓨터에 당신의 보호자가 운영시스템을 장착한다. 그러나 그들은 대체로 무의식적인 삶을 살기 때문에 자신들의 무의식적 패턴, 습관, 행동방식, 세계관을 그대로 당신에게 장착한다. 그전에 안티바이러스 프로그램을 깔거나 자신의 하드를 최적화하자는 생각은 전혀 못 한다.

이 운영체계가 당신 인생을 떠받치는 기둥이 된다. 세월이 더 흐르면 사회의 가치관과 규범과 생각까지 추가된다. 당신이 어떤 행동을 하고 무엇을 생각하며 어떤 사람이 되어야 하는지를 일러주는 정신적 각인이 수천 가지나 새겨진다. 하버드대학교에서 실시한 한 연구 결과를 보면, 18세 청소년이 살면서 들은 부정적인 암시는 평균 18만 종이라고 한다. 18만 종의 부정적 프로그램이 당신의 하드에 깔린 셈이다.

이제 어른이 된 당신은 이 책을 손에 들고서 생각이란 무엇인지를 자문한다. 대답은 무척 쉽다. 생각은 살아오는 동안 당신의 마음에 장착된 수천 가지 프로그램의 결과물이다. 진짜 당신 생각은 극소수에 불과하다. 당신의 생각은 당신과 대부분 시간을 함께 보내는 사람들의 메아리이다. 그리고 당신이 성장한 사회의 메아리이다. 당신을 따라다니는 온갖 소음의 메아리이다.

과거의 생각을 믿고
그것과 자신을 동일시할 때마다
메아리는 더욱 커진다.

어떤 각인의 영향을 받고 있는가?

한번 잘 살펴보자. 자기 생각이 아님에도 스스로에게 계속해서 들려준 생각이나 이야기가 있는가? 스스로에게 나는 괜찮은 사람이 아니라고, 무슨 일이든 완벽하게 해내야 한다고 이야기하는가? 어디서건 모나면 안 된다고, 나는 살 가치가 없는 인간이라고, 지금보다 더 아름다워야 하고 똑똑해야 한다고 말하는가? 당신은 어떤 메아리를 믿고 무의식적으로 자꾸만 키워주는가? 아래의 훈련을 한번 따라 해보자.

각인을 찾아낸다

과거를, 주변을 한번 살펴보자. 과거는 당신의 하드웨어를 프로그래밍했고 지금도 주변 환경이 계속해서 당신의 하드웨어에 새 프로그램을 깐다.

가령 부모님은 어떻게 사셨는가? 부모님은 사랑, 직업, 돈, 가정, 친구, 인생에 대해 어떤 신념과 확신을 지녔는가? 자신의 한계가 어디까지라고 생각하며 세상이 어떻게 돌아간다고 믿는가? 행복하고 긍정적인 사람들인가?

지금 당신의 삶을 돌아보고 주변 사람을 관찰해보자. 그들은 얼마나 행복하고 즐겁게 사는가?

이제 자신에게 물어보자. 현재 어떤 문제가 있는가? 인간관계? 직장? 돈? 건강? 이런 문제는 어떤 각인에서 발생했을까?

우리 마음챙김 아카데미와 세미나 참가자들에게서 자주 목격하는 각인들을 뽑아보았다. 자신에게 해당하는 말이나 생각은 없는지 표시하면서 읽어보자.

해도 안 된다는 각인

- 내 능력으로 안 되는 일이야.
- 아무리 해도 안 될 거야.
- 분명 문제가 생길 거야.

- 이번에도 안 되네.

- 절대 못 해낼 거야.

- 못 따라갈 거야.

- 해봤어. 소용없어.

- 확신이 필요해.

- 너무 위험해./ 너무 어려워.

- 나중에 하자.

- 나는 희망이 없어.

- 절대 넘지 못할 산이야.

- 물어봐도 무슨 소리인지 못 알아들을 거야.

- 해본들 무슨 의미가 있겠어.

- 한 번도 잘된 적이 없다니까.

- 노력해본들 달라지는 건 없어.

- 그래봤자 아무 도움도 안 돼.

나 자신을 비하하는 각인

- 나는 별 볼 일 없는 인간이야.

- 난 뭔가 비정상이야.

- 난 멍청해./ 난 겁쟁이야./ 난 무능해.

- 나는 눈치가 없어.

- 나는 너무 복잡하게 살아.

- 내가 건드리면 다 망해.
- 그런 걸 하기에는 내 나이가 너무 많지.
- 나이가 들수록 점점 더 쓸모없는 인간이 되겠지.
- 내가 무슨 힘이 있어야지.
- 난 뭘 해도 부족해.
- 친구들이 나보다 훨씬 나아.
- 나는 언제나 사고만 쳐.
- 다들 속으로 나를 무시할 거야.
- 해봤자 알아주는 사람도 없는 데 뭐.
- 어디를 가나 방해만 될 뿐.
- 나는 매사 느림보야.
- 자업자득이야. 다 내 탓이지.
- 내가 무슨 힘이 있어.
- 하는 일마다 실수투성이야.
- 내가 언제 잘한 적이 있어야지.
- 계속 쓸데없는 짓만 하고 있네.
- 내가 남들보다 나은 게 뭐가 있어야지.

나 자신을 억누르는 각인
- 살고 싶은 대로 살 수 있나.
- 너무 모험이야.

- 무슨 일이 있어도 자제를 해야지.
- 쉽게 얻은 건 쉽게 잃는 법이야.
- 욕심이 많으면 망해.
- 그건 하면 안 돼.
- 내가 그럴 자격이 있을까?
- 조심조심 살아야 해.
- 새로운 일은 겁나.
- 진짜 얼굴을 보여주면 안 돼.
- 마지막에 웃는 사람이 진짜 웃는 사람이다.
- 나보다 남이 먼저야.
- 의무가 우선이지.
- 내가 뭘 원하는지도 모르겠어.
- 말해봤자 퇴짜 맞을 거야.
- 창피당하고 싶지 않아.
- 내 얼굴에 먹칠할 일이야.
- 지금 당장 눈에 보이는 성과가 있어야지.
- 입 다물고 있으면 문제는 안 일으키겠지.
- 뭐 잘하는 게 있어야 줄 것도 있지.

자포자기하는 각인
- 못 참겠어.

- 인생은 너무 고단해.
- 누가 그런 짓을 해.
- 오늘 일진이 꽝이야.
- 할 일이 너무 많아.
- 결정을 못 하겠어.
- 시간 없어 죽겠네.
- 난 불운의 아이콘.
- 기회는 지나갔어.
- 집중이 안 돼.
- 어떻게 해야 할지 모르겠어.

강박적인 외모 각인

- 다들 나보다 예쁘지.
- 외모가 제일 중요해.
- 이런 몸으로는 절대 사랑받지 못할 거야.

참고 견뎌야 한다는 각인

- 나만 참으면 돼.
- 사는 게 전쟁터야.
- 열심히 일해야 잘 살지.
- 근면성실

- 이를 악물고 살아야지.
- 힘들어도 말하고 싶지 않아.
- 뭐든 완벽해야 해.
- 힘들어도 내색하면 안 돼.
- 나에 대해 아무에게도 알리고 싶지 않아.
- 일이 먼저지, 노는 건 그다음이야.
- 실수는 절대 안 되지.
- 정신 바짝 차려야지. 아차 잘못하면 끝이야.
- 다 내가 컨트롤해야지.
- 나 아니면 아무것도 안 돼.
- 구르는 돌은 이끼가 끼지 않는다.

인간관계에 관한 각인

- 이 세상에 나 혼자인 것 같아.
- 어디를 가나 내 자리가 아닌 것 같아.
- 내가 낄 데가 없어.
- 행복하려면 누가 곁에 있어야만 해.
- 나는 인복이 없어.
- 내가 이렇게 힘든 것은 남들 탓이야.
- 어차피 아무도 나한테 관심이 없잖아.
- 아무도 나를 인정해주지 않아.

- 아무도 나한테 관심이 없어.

- 아무도 나를 사랑하지 않아.

- 난 사랑받을 가치가 없는 인간이야.

- 나를 좋아하는 사람은 없어.

- 나를 만나는 사람은 누구든 불행해져.

- 그/그녀가 있어야만 행복할 수 있어.

- 사귀어봤자 오래 가지 못할 거야.

- 나는 누구하고도 잘 살 수 없는 인간이야.

- 인간은 믿을 존재가 못돼.

- 너나 잘해. 쓸데없이 참견하지 말고.

- 거절을 못 하겠어.

- 누가 도와달라면 무조건 도와줘야지.

- 남자는 도둑놈이야.

- 남자는 다 바람둥이야.

- 남자는 울면 안 돼.

- 여자는 자고로 얌전해야지.

- 여자는 약해.

- 세상은 불안해.

- 벌은 꼭 필요해.

돈에 관한 각인

• 반짝인다고 다 금은 아니지.

• 돈을 더 벌어야 해

• 돈은 하늘에서 떨어지지 않아.

• 돈이 많으면 불행해질 거야.

• 돈이 많으면 문제가 절로 해결될 텐데.

물론 몇 가지 부정적인 생각은 사는 데 큰 지장이 없다. 그러나 잊지 말아야 할 사실은 위에 적은 부정적 각인들이 진실이 아니라는 점이다. 이 사실이 중요하다. 이 각인들은 현실에 부합하지 않는다. 그저 당신이 그것을 진리라 생각하거나, 심지어 자신과 동일시할 뿐이다.

머릿속 킹콩을 어떻게 길들일까?

그렇다면 이 수많은 각인을 어떻게 버릴 수 있을까? 당신의 킹콩을 어떻게 길들일까? 그러자면 킹콩과의 관계에서 드러나는 근본 문제를 이해해야 한다. 대부분이 너무도 당연하게 생각하기에 의문을 품기는커녕 알아차리지조차 못하는 문제점 말이다.

우리는 자신이 진짜 누구인지를 까먹고서 머릿속 생각이 자신이라고 믿는다. 이것이 가장 큰 문제이다. 우리는 킹콩과 자신을 완전히 동일시한다. 어디서나 들리는 킹콩의 목소리가 나 자신이 되어버렸다. 그렇게 생각과 나를 동일시함으로써 무의식적으로 원숭이에게 왕좌를 내주었다. 모든 생각을 진실이라 믿게 된 것이다.

킹콩이 세상이 나쁘다고 말하면 우리는 세상을 나쁘게 바라본다. 킹콩이 배우자가 틀렸다고 말하면 우리는 배우자가 틀렸다고 믿어버린다. 킹콩이 자신의 불행이 남 탓이라고 말하면 우리는 남을 비난하면서 위로를 얻으려 한다.

머리에 떠오르는 모든 것을
우리는 진실로 받아들인다.

그러나 조금만 자세히 들여다보아도 금방 알아차릴 수 있다. 생각이 나일 수는 없다. 앞에서 소개한 몇 가지 훈련을 거치면서, 당신은 이미 생각을 관찰할 수 있다는 사실을 깨달았을 것이다. 관찰자는 관찰 대상일 수 없다. 맞다. 당신은 생각이 아니다. 신경생물학적으로 보아도 생각은 두뇌활동의 아주 미미한 부분에 불과하다.

생각과 자신을 동일시하면 수많은 문제가 발생한다. 자신의 세계관을 굳게 고집하면서 남의 세계관을 거부하면 전쟁이 일어난다. 자신은 옳고 상대는 그르다고 확신하면 다툼이 발생한다. 자신은 할 줄 아는 것이 없다고 생각하면 있던 잠재력도 줄어든다. 머릿속에 그려진 공포의 미래를 굳게 믿으면 불안과 근심이 자라난다.

악순환의 쳇바퀴에서 벗어나는 유일한 방법은 명상과 마음챙김이 가르치는 '의식'이다.

각인된지도 몰랐던
해로운 과거의 확신

해묵은 생각과 신념을 떨쳐내도록 도와주는 기술에는 여러 가지가 있다. 나 역시 온갖 방법을 배워 실천해보았다. 하지만 어찌 된 일인지 늘 뭔가 부족하다는 느낌을 지울 수 없었다.

심리상담 과정을 마치고 직접 내담자를 상담하면서도 진정한 변화가 아니라 수박 겉핥기라는 찜찜한 기분에서 벗어나지 못했다. 하지만 도무지 뭐가 문제인지를 알아내지 못했다. 명상의 수준도 아직 깊지 않아서 해답을 찾을 수가 없었다. 당시 나는 선불교 공동체에서 많은 시간을 보내며 명상에 열중하였고, 어떤 진정한 변화가 필요한지 계속해서 자문했다. 내담자들이 상담을 마치고 집에 돌아가서도 혼자 할 수 있는 실천이 뭐가 있을까?

어느 순간 번쩍 눈이 뜨였다.
부족한 것은 의식이었다.

대부분의 사람은 수십만 가지 각인을 머리에 담고 살지만, 그 사실을 의식하지 못한다. 그저 자신이 경험한 현실만을 진실이라 믿는다. 당시 나 역시 내가 배운 심리학 도구로 내담자들과 열심히 맹점을 찾았지만 정작 가장 기본적인 기초가 부족했다. 의식을 확장하여 스스로 자기 무의식에 깊이 들어가는 능력!

자신에 대한 의식도 없으면서 심리학의 도구를 휘두르는 짓은 목공이 어디에다 집을 지어야 할지, 어디에서 집을 지을 나무를 구할 수 있을지도 모르면서 망치를 손에 들고 나서는 것과 같다. 사실 원리는 너무 간단하다. 부정적인 각인을 깨닫지 못하면 그 각인을 어떻게 해볼 수도 없다.

불교의 교리는 이렇게 표현해볼 수 있다. 윤회(고통의 수레바퀴)에서 벗어나는 길은 의식이다. 의식은 모든 변화의 열쇠이다. 의식은 깨달음으로 가는 길이다. 의식은 해방으로 가는 길이다. 의식은 집으로 가는 길이다. 의식은 당신이다.

마음에 확신이 박혀 있다는 사실을 깨달으면 무엇을 할 수 있을까? 아주 간단하다. 그 사실을 의식하라. 자괴감에 각인된 마음의 목소리를 인식하라. 의식에 머물러라. 당신이 자신과 생각을 동일시하는지, 그 생각을 믿는지 관찰하라. 의식의 빛이 확신이라는 어둠의 힘을 빼앗을 것이다. 눈을 감고 무의식적으로 살면 각인이 당신의 삶을 밀어붙인다. 반대로, 눈을 뜨면 당신이 각인과 생각을 의식하고, 그로써 새로운 결단을 내릴 자유를 얻는다.

일상생활에서 건강하지 못한 생각을 의식한다면 이미 당신은 가장 중요한 걸음을 내디딘 셈이다. 그러면 속으로 이렇게 말하면 된다. '재미있네, 또 생각이 떠올랐어. 저건 진실이 아니야. 그러니 그냥 보낼 거야.' 이 과정을 계속 반복하자. 필요하다면 수천 번이라도. 무엇이든 한 번으로 금방 완벽해지지 않는다. 산에서 크게 소리를 지르면 메아리가 돌아오는 것과 같다. 동일시를 멈추어 먹이를 주지 않으면 생각도 서서히 작아지다 결국 사라질 것이다.

생각을 긍정적으로 바꾼다

부정적 각인을 정반대로 바꾸는 데 의식적이고 창조적인 마음을 활용해보자. 가령 '난 쓸모없는 인간이야'라는 생각이 들면 속으로 이렇게 반박한다. '재미있네. 저 말은 사실이 아니야. 난 꽤 괜찮은 사람이야.'

당신의 머리에 가장 자주 떠오르는 부정적인 생각이 무엇인지 적어보자. 그 생각을 긍정적인 생각으로 바꿔보자.

앞에서 열거했던 부정적인 생각의 리스트를 다시 한번 꺼내보았다. 그리고 이 생각들을 어떻게 바꿀 수 있을지 예를 들어보았다. 물론 당신 머릿속에 더 나은 멋진 아이디어가 있을 것이다.

원래 세상만사는 마음대로 안 되지만
나는 도전해보겠다는 생각

- 내 능력으로 안 되는 일이야. ▶ 하다가 안 되면 도움을 청하면 되지.
- 아무리 해도 안 될 거야. ▶ 해보지도 않고 어떻게 알아. 일단 열심히 노력해보는 거야.
- 분명 문제가 생길 거야. ▶ 문제가 생기면 해결하면 되지.
- 이번에도 안 되네. ▶ 그럼 또 해보면 되지.
- 절대 못 해낼 거야. ▶ 내가 끈기가 이만저만 아닌 사람이지.
- 못 따라갈 거야. ▶ 나도 따라갈 수 있어.
- 해봤어. 소용없어. ▶ 그때와 지금은 달라. 이번에는 잘될 거야.
- 확신이 필요해. ▶ 확신은 내가 주는 거야.
- 너무 위험해./ 너무 어려워. ▶ 위험할수록 도전해보는 거야.

처음엔 어려워도 하다 보면 쉬워지겠지.

- 나중에 하자. ▶ 지금 할 수 있어.

- 나는 희망이 없어. ▶ 방법을 모를 뿐이야.

- 절대 넘지 못할 산이야. ▶ "태산이 높다 하되 하늘 아래 뫼이 로다. 오르고 또 오르면 못 오를리 없건마는 사람이 제가 아니 오르고 뫼만 높다 하더라."

- 물어봐도 무슨 소리인지 못 알아들을 거야. ▶ 잘 들어보면 돼. 못 알아들을 게 어디 있어?

- 해본들 무슨 의미가 있겠어. ▶ 시작이 반이니까 조금씩 해 보자.

- 한 번도 잘된 적이 없다니까. ▶ 그럴 리 없어. 설사 그렇다고 해도 이번에는 잘될 거야.

- 노력해본들 달라지는 건 없어. ▶ 세상 만물은 쉬지 않고 변하는 법, 자꾸 하다 보면 언젠가는 달라지겠지.

- 그래봤자 아무 도움도 안 돼. ▶ 도움이 될지 안 될지는 해보고 판단해야지.

나는 이대로도 괜찮다는 생각

- 나는 별 볼 일 없는 인간이야. ▶ 누구에게나 미처 발굴하지 못한 숨은 능력이 있는 법. 내게도 아직 무한의 가능성이 있을 거야.

- 난 뭔가 비정상이야. ▶ 그렇지 않아. '정상'은 없어.

- 난 멍청해./ 난 겁쟁이야./ 난 무능해. ▶ 난 신중한 사람이야. 사람마다 재능은 다 다르고, 나도 잘하는 것이 더 많아.

- 나는 눈치가 없어. ▶ 좀 느려서 그렇지 천천히 하면 다 알아들어.

- 나는 너무 복잡하게 살아. ▶ 이대로면 충분해.

- 내가 건드리면 다 망해. ▶ 잘하는 게 더 많아.

- 그런 걸 하기에는 내 나이가 너무 많지. ▶ 나이는 숫자에 불과해. 나는 무엇이든 할 수 있어.

- 나이가 들수록 점점 더 쓸모없는 인간이 되겠지. ▶ 나이가 들면 인생 경험이 쌓일 테니, 더 지혜로운 사람이 될 수도 있어.

- 내가 무슨 힘이 있어. ▶ 내 생각과 행동은 내 마음대로 할 수 있어.

- 나는 뭘 해도 부족해. ▶ 내가 한 일은 가치 있는 일이야.

- 친구들이 나보다 훨씬 나아. ▶ 나도 그 못지않게 잘해.

- 나는 언제나 사고만 쳐. ▶ 세상만사 다 이유가 있는 법이지. 내가 그냥 사고를 친 건 아닐 거야.

- 다들 속으로 나를 무시할 거야. ▶ 제대로 된 사람이라면 알아주겠지.

- 해봤자 알아주는 사람도 없는데 뭐. ▶ 아무도 몰라준다 해도 괜찮아. 내가 나를 알아주면 돼.

- 어디를 가나 방해만 될 뿐. ▶ 그러면 내가 필요한 곳으로 가면 되지.
- 나는 매사 느림보야. ▶ 느린 대신 꼼꼼하잖아.
- 자업자득이야. 다 내 탓이지. ▶ 다음에는 더 잘할 수 있어.
- 하는 일마다 실수투성이야. ▶ 실수는 누구나 해. 내가 잘하는 것도 많아.
- 내가 언제 잘한 적이 있어야지. ▶ 그래도 점점 나아지고 있잖아.
- 계속 쓸데없는 짓만 하고 있네. ▶ 하다 보면 나아져.
- 내가 남들보다 나은 게 뭐가 있어야지. ▶ 남들보다 나은 게 엄청 많을걸. 아래를 보고 살라고 했어. 나는 타고난 능력이 많은 사람이야.

때로는 도전이 내 인생을 풍요롭게 해준다는 생각
- 살고 싶은 대로 살 수 있나. ▶ 안 되는 건 없어. 한번 해보는 거야.
- 너무 모험이야. ▶ 나는 나를 믿어.
- 무슨 일이 있어도 자제를 해야지. ▶ 참을 수 없을 때는 터뜨려야 해. 안 그러면 병이 되니까. 내 감정에 솔직해지자.
- 쉽게 얻은 건 쉽게 잃는 법이야. ▶ 세상만사 때가 있는 법.
- 욕심이 많으면 망해. ▶ 욕심이 많아서 이것저것 도전해야 배

우는 것도 많지.

- 그건 하면 안 돼. ▶ 괜찮아, 해도 돼.
- 내가 그럴 자격이 있을까? ▶ 무엇이든 할 자격이 있어.
- 조심조심 살아야 해. ▶ 조심할 필요는 있지만 모험도 필요한 법! 뛰쳐나가 도전해보자.
- 새로운 일은 겁나. ▶ 조심해서 나쁠 건 없지. 내가 신중한 사람인 건 맞지만, 그래도 도전해보자.
- 진짜 얼굴을 보여주면 안 돼. ▶ 정직한 게 최고야.
- 마지막에 웃는 사람이 진짜 웃는 사람이다. ▶ 자주 웃는 사람이 진짜 웃는 사람이야.
- 나보다 남이 먼저야. ▶ 내가 건강해야 남도 도울 수 있어. 나를 먼저 챙겨야 해.
- 의무가 우선이지. ▶ 하고 싶은 것을 먼저 해도 사는 데 지장 없어.
- 내가 뭘 원하는지도 모르겠어. ▶ 내 마음을 가만히 들여다보자. 그러면 내가 진정으로 무엇을 원하는지 알게 될 거야.
- 말해봤자 퇴짜 맞을 거야. ▶ 말도 안 해보고 섣부르게 판단하지 말자. 그리고, 퇴짜 좀 맞으면 어때? 다시 도전해보면 돼.
- 창피당하고 싶지 않아. ▶ 창피 좀 당한다고 죽지 않아. 지나고 보면 그것도 다 추억이고.
- 내 얼굴에 먹칠할 일이야. ▶ 남들이 조롱해도 나는 할 거야.

- 지금 당장 눈에 보이는 성과가 있어야지. ▶ 지금 당장 성과가 없어도 하다 보면 언젠가 노력한 결과가 나타날 거야.
- 입 다물고 있으면 문제는 안 일으키겠지. ▶ 정신이 올바르게 박힌 사람이라면 내 충고를 잘 새겨들을걸.
- 뭐 잘하는 게 있어야 줄 것도 있지. ▶ 시간과 관심을 줄 수 있지. 이게 세상에서 가장 소중한 거야.

기회는 무궁무진하다는 생각
- 못 참겠어. ▶ 괜찮아, 참을 수 있어.
- 인생은 너무 고단해. ▶ 그러니 전율 있는 인생이지.
- 누가 그런 짓을 해. ▶ 나만 좋다면 남들이 어떻게 생각하건 무슨 상관이야.
- 오늘 일진이 꽝이야. ▶ 아직 오늘이 다 가지 않았어. 아직 시간은 많아.
- 할 일이 너무 많아. ▶ 천천히 하면 다 할 수 있어. 못 하면 도와달라고 하면 돼.
- 결정을 못 하겠어. ▶ 내가 무얼 원하는지는 내가 가장 잘 알아. 잘 생각해보자.
- 시간 없어 죽겠네. ▶ 우선순위를 정해서 시간을 잘 활용해보자.
- 난 불운의 아이콘. ▶ 난 행운의 아이콘.

- 기회는 지나갔어. ▶ 기회는 언제든 다시 와.
- 집중이 안 돼. ▶ 조금씩 연습하면 집중력도 높아질 거야.
- 어떻게 해야 할지 모르겠어. ▶ 그래도 잘할 거야.

나는 이미 완벽하다는 생각

- 다들 나보다 예쁘지. ▶ 나도 예뻐. 나는 세상에 하나밖에 없는 존재야.
- 외모가 제일 중요해. ▶ 지금 이대로도 충분해.
- 이런 몸으로는 절대 사랑받지 못할 거야. ▶ 아니야, 나는 이미 완벽해.

참고 살지 않아도 괜찮다는 생각

- 나만 참으면 돼. ▶ 참는다고 능사는 아니야. 힘들면 털어놓고 의논하자.
- 사는 게 전쟁터야. ▶ 내가 싸움을 멈추면 고통도 끝날 거야.
- 열심히 일해야 잘 살지. ▶ 너무 애쓰지 않아도 나에게 올 건 오더라고.
- 근면성실 ▶ 근면성실할 필요는 있지만 과하지 않게.
- 뭐든 완벽해야 해. ▶ 최선을 다하는 게 더 중요해.
- 이를 악물고 살아야지. ▶ 다 때가 있는 법, 너무 애쓰지 마.
- 힘들어도 말하고 싶지 않아. ▶ 힘들다고 말해도 아무도 널

우습게 생각하지 않아. 걱정하지 말고 솔직하게 털어놔.

- 힘들어도 내색하면 안 돼. ▶ 힘들면 참지 않아도 돼.

- 나에 대해 아무에게도 알리고 싶지 않아. ▶ 힘들 때 말해도 괜찮아. 모두가 널 도와줄 거야.

- 일이 먼저지, 노는 건 그다음이야. ▶ 이만하면 일은 많이 했어. 편히 놀아도 돼.

- 실수는 절대 안 되지. ▶ 실수해야 배우지. 실수를 부끄럽게 생각하지 마.

- 정신 바짝 차려야지. 아차 잘못하면 끝이야. ▶ 좀 느긋하게 살아도 괜찮아.

- 다 내가 컨트롤해야지. ▶ 세상만사를 내 손아귀에 쥘 수는 없어. 쥐었던 손을 풀면 마음도 훨씬 가벼워질 거야.

- 나 아니면 아무것도 안 돼. ▶ 나보다 잘할 사람은 얼마든지 많아.

- 구르는 돌은 이끼가 끼지 않는다. ▶ 그래도 가끔은 쉬어야지.

나를 고립하는 건 나 자신이라는 데서 오는 해방

- 이 세상에 나 혼자인 것 같아. ▶ 그렇지 않아. 나를 걱정하는 사람을 떠올려보자. 설사 혼자라도 어때? 내가 있잖아.

- 어디를 가나 내 자리가 아닌 것 같아. ▶ 어딘가 분명 내 자리가 있을 거야.

- 내가 낄 데가 없어. ▶ 다른 곳을 찾아보면 되지.
- 행복하려면 누가 곁에 있어야만 해. ▶ 사람이 아니어도 행복을 주는 건 너무 많아. 한번 찾아봐.
- 나는 인복이 없어. ▶ 곰곰이 생각해봐. 사람은 수많은 다른 사람 덕에 사는 거야.
- 내가 이렇게 힘든 것은 남들 탓이야. ▶ 내 인생은 나의 몫이야.
- 어차피 아무도 나한테 관심이 없잖아. ▶ 나는 모두에게 소중한 사람이야.
- 아무도 나를 인정해주지 않아. ▶ 아무도 인정해주지 않으면 내가 인정해주면 돼.
- 아무도 나한테 관심이 없어. ▶ 사실은 모두가 내게 관심 있을지도?
- 아무도 나를 사랑하지 않아. ▶ 나를 사랑하는 사람은 많아. 내가 아직 모를 뿐.
- 난 사랑받을 가치가 없는 인간이야. ▶ 모든 인간은 사랑받을 가치가 있어.
- 나를 좋아하는 사람은 없어. ▶ 내가 날 좋아하면 그뿐.
- 나를 만나는 사람은 누구든 불행해져. ▶ 나는 행복을 나눠주는 사람이야.
- 그/그녀가 있어야만 행복할 수 있어. ▶ 내 행복은 내가 만드는 거야.

- 사귀어봤자 오래 가지 못할 거야. ▶ 사람마다 배울 점이 있으니까 나중에는 오래 가는 사람을 만날 수 있을 거야.

- 나는 누구하고도 잘 살 수 없는 인간이야. ▶ 내가 먼저 행복하면 누구하고도 잘 어우러질 수 있어.

- 인간은 믿을 존재가 못돼. ▶ 내가 만난 사람들은 다 믿을 만한 사람이라고 확신해.

- 너나 잘해. 쓸데없이 참견하지 말고. ▶ 세상사에 관심을 가져야지.

- 거절을 못 하겠어. ▶ 거절도 습관이야. 싫은 건 싫다고 말하는 연습을 해보자.

- 누가 도와달라면 무조건 도와줘야지. ▶ 도와줄 수 있으면 당연히 도와주겠지만, 안 될 때는 안 된다고 말할 수 있어야 해.

- 남자는 도둑놈이야. ▶ 괜찮은 남자도 많아.

- 남자는 다 바람둥이야. ▶ 가정적인 남자도 얼마든 있어.

- 남자는 울면 안 돼. ▶ 울어도 돼. 울고 싶을 땐 실컷 우는 거야.

- 여자는 자고로 얌전해야지. ▶여자는 씩씩해.

- 여자는 약해. ▶ 여자는 강해.

- 세상은 불안해. ▶ 내가 있는 곳은 안전해.

- 벌은 꼭 필요해. ▶ 벌주지 않아도 스스로 배울 수 있어.

돈은 수단일 뿐이라는 생각에서 오는 자유

- 반짝인다고 다 금은 아니지. ▶ 옥석을 골라 진짜 금을 찾아내야지.
- 돈을 더 벌어야 해. ▶ 먹고살 만큼 벌잖아. 그거면 돼.
- 돈은 하늘에서 떨어지지 않아. ▶ 즐겁게 일하고 번 만큼 알뜰히 쓰면서 행복하게 살 거야.
- 돈이 많으면 불행해질 거야. ▶ 다 그런 건 아니야. 돈을 잘 쓰면 더 행복하게 살 수 있어.
- 돈이 많으면 문제가 절로 해결될 텐데. ▶ 돈이 모든 걸 해결해 주지는 않아.

당신의 두뇌는
만성 소화불량 상태다

저장 기능과 해묵은 생각의 지속적인 반향은 정신의 한 가지 측면에 불과하다. 뇌의 두 번째 기능은 장腸의 그것과 비슷하다. 장은 흡수한 양분을 분해하여 몸에 영양을 공급한다. 당신이 먹는 모든 음식은 위장으로 흡수되어 대장 시스템으로 이동하며, 대장은 음식에서 생명 유지에 필요한 양분을 뽑아낸다. 따라서 대장은 양분이 들어올 때마다 일해야 한다. 당신의 두뇌도 마찬가지이다. 두뇌는 온종일 밀려온 온갖 인상과 문제와 경험과 도전을 소화해야 한다.

수많은 인상에서 의미를 끌어내어 인생의 여러 도전에 맞설 수 있도록 지원하는 역할을 정신, 즉 이성이 맡는다. 문제를 해결하는 이 원숭이 역시 당신이 제대로 다룰 줄만 알면 맡은 일을 척척 해낸다. 사실 인류 역사에 기적을 불러온 장본인도 바로 이 원숭이다. 피라미드와 타지마할을 짓고 우주를 탐험하고 이 시대가 한껏 누리는 온갖 기술을 개발한 것도 바로 이 두뇌이니 말이다. 다만 문제는 우리가 이 녀석을 다룰 합리적 사용설명서를 한 번도 읽어본 적이 없다는 데에 있다. 녀석이 맡은 일을 잘 처리할 것을 본능으로는 알지만, 녀석의 한계와 잔꾀에 대해서는 전혀 아는 바가 없다.

녀석의 첫 번째 오작동은 시간개념이다. 문제 해결을 담당하는 이성 부위에는 시간개념이 없다. 우리가 온종일 고민하는 이유가 바로 그것이다.

예를 들어, 병원에 갔는데 의사가 얼굴을 잔뜩 찌푸리며 큰 병원에 가서 정밀 검사를 받아보라고 말하는 상황을 상상해보자. 두뇌는 이 정보를 가지고 무슨 짓을 할까? 정확한 결과도 모르면서, 문제를 해결하지도 못하면서 당신은 고민한다. 운전하면서도 집중을 못 하고 밥을 먹으면서도 맛을 모른다. 두뇌의 일부가 계속해서 온갖 진단명을 떠올리기에 잠도 못 자고 밤새

워 뒤척인다. 발가락 하나가 간지럽거나, 허리가 뜨끔하기만 해도 다 중병의 증상인 것 같다. '다음 주에 의사한테 정확한 결과를 듣고 나서 고민해도 늦지 않아. 이성아, 인제 그만 잠 좀 자자.' 당신은 이렇게 말할 수 있다. 그러나 이성의 문제 해결 부위는 시간개념이 없기에 그렇게 말해봤자 통하지 않는다.

병원 사례가 좀 극단적이라면, 일상을 가만히 들여다보자. 당신의 정신은 지금 삶이 진행되는 그곳에 있지 않다. 당신은 얼마나 자주 중요하지도 않은 일을 고민하는가? 프레젠테이션은 오후인데 아침에 눈 뜨면서부터 초긴장 상태이다. 문제를 해결하고(더 정확히 말하면 문제와 연관된 감정을 떨쳐버리고) 싶지만, 두뇌는 방법을 모른다.

두뇌의 두 번째 오작동은 구토를 모른다는 점이다. 과식하거나 상한 음식을 먹으면 위장은 제동을 걸고 몸에 들어온 것을 밖으로 토해낸다. 두뇌는 그럴 줄 모른다. 당신의 두뇌는 온갖 문제와 다툼, 지난 경험과 미래 걱정으로 이미 터지기 직전까지 찼으면서도, 불안을 조장하여 관심을 끌려는 미디어들의 자극적 정보를 계속해서 받아들인다.

당연히 두뇌는 만성 소화불량 상태이다. 그러니 여기에 이혼이나 실직 같은 더 심각한 문제가 추가되면 완전히 과부하에 걸린다. 두뇌는 쉬지 않고 고민하느라 재충전이 절실한 순간에도 도무지 당신을 재우지 않는다.

잠 못 드는 밤을 보낸 후엔 또 어떤 짓을 할까? 휴식을 취해 몸을 쉬게 하고 소화가 잘되는 음식으로 에너지를 보충해야 할 것을, 불쾌한 기분을 외면하겠다며 더 많은 자극과 문제를 머릿속으로 밀어 넣는다. 두뇌도 신체와 같다. 이럴 때 최고의 해결책은 휴식과 고요이다. 대표적인 방법이 명상이다. 명상은 두뇌가 푹 쉬며 원기를 회복할 시간을 제공하고, 더불어 지금 이 순간에 머무는 능력을 가르친다.

그렇지만 명상에 관해 구체적으로 설명하기에 앞서 잠시 두뇌를 건강하게 다루는 방법을 조금 더 살펴보기로 하자. 건강한 위장이 영양을 잘 흡수하듯 건강한 정신이 인생의 도전에 더욱 잘 대처할 테니 말이다.

지금 그 문제가 문제인 이유

그렇다면 어떻게 해야 정신을 잘 이용하여 힘든 세상에서도 평화롭게 살 수 있을까? 이번에도 근본적인 문제는 두뇌와의 완벽한 동일시이다. 두뇌가 문제를 인지하면 우리는 문제를 만든 당사자가 두뇌라는 사실을 깨닫지 못하고 곧바로 이렇게 생각해버린다. '문제가 생겨버렸어!' 하지만 한번 물어보자. 생각이 없다면 당신의 인생에 문제가 존재할까? 당신의 두뇌나 문제를 만드는 다른 두뇌가 없다면? 문제는 절대적인가 아니면 상대적인가?

조금만 더 생각해보면 금방 알게 된다. 현실에서 문제를 만들어내는 사람이 없다면 근본적으로 아무 문제도 없다는 사실을. 그 말은 당신이 스스로 문제를 만들어내고, 당신의 이성이 그 문제를 물고 늘어진다는 뜻이다.

이제 당신은 이렇게 생각할 것이다. 그래, 그럴듯한 말이야. 하지만 질병이나 기후변화, 전쟁처럼 누가 봐도 확실한 문제가 있지 않을까? 맞다. 그 모든 상황은 바람직하지 않고 현명하게 행동해야 옳다. 하지만 (선뜻 이해되지 않는 말일지 몰라도) 세상 그 누구도 문제 삼지 않는다면 결국 질병이나 죽음, 기후위기와 전쟁 역시도 문제되지 않는다. 선불교의 선승은 죽음과 질병을 고민하면서 스트레스를 받지 않을 것이다. 도널드 트럼프는 기후변화를 문제 삼지 않을 것이다. 그의 두뇌는 기후변화를 아예 믿지 않으니 말이다.

이 지구에 인간이 하나도 없다면
문제도 없을 것이다. 그저 생명과
죽음과 추위와 더위가 있을 뿐.

물론 기후변화나 전쟁, 질병과 가난을 가만히 내버려두자는 말은 절대 아니다. 당연히 일어나 행동해야 한다. 하지만 분명히 밝히고 싶다. 모든 문제는 상대적이다. 어딘가에서 어떤 두뇌가 현실에서 문제를 만들기에 문제가 생긴다.

자신과 문제를 동일시할수록 두뇌는 그 문제를 해결하는 데더 많은 에너지를 쏟는다. 커리어와 자신을 동일시하면 실직은 심각한 문제이다. 좋은 엄마와 자신을 동일시하면 아이에게 조금만 이상이 생겨도 문제라고 생각한다. 몸을 자신과 동일시하면 모든 병이 문제가 된다.

당신의 두뇌가 가장 물고 늘어지는 문제나 불안을 떠올린 후, 그 아래에 숨은 동일시를 찾아보자. 세미나나 강연에서 나는 자주 말한다. "불안과 고민을 털어놓으세요. 그럼 당신이 자신을 누구라고 생각하는지 말해줄게요."

물론 쉽지 않은 일이다. 평생을 크고 작은 문제에 열중하며 살았을 테니 말이다. 그러니 인제 와서 모든 문제가 상대적일 뿐이라는 사실을 깨닫기가 쉬울 리 없다. 당신의 두뇌가 당장 항의를 해온다. "재미있는 말이지만…… 진짜로 문제라니까…… 몸이 안 좋아…… 돈이 없고……어떻게 그런 일이 나한테 일어날 수 있지? 안 될 말이야."

생각이 괴롭힐 때 어떻게 할까?

의식이 생각을 깨닫는다 | 의식이 열쇠이다. 이 모든 요구와 문제와 기분을 당신은 의식할 수 있다. 당신은 의식이다. 두뇌는 도구에 불과하다.

우리는 도구와 자신을 완전히 동일시하여 생각을 믿고 문제를 쫓아다닌다. 지금 당장 해결할 수 없는 문제일수록 더더욱 매달린다. 그러나 모든 것을 알아차릴 뿐, 반응하지 않아도 된다는 사실을 깨달을 때 자유가 찾아온다. 그토록 염원하는 자유, 진정한 자유이다.

처음에는 조용한 순간에만 가능할 것이다. 일상에 쫓기고 스트레스에 시달리다 보면 자신을 관찰자로 의식하지 못하고 무의식적 각인대로 반응한다. 그렇다고 실망하지는 말자. 지극히 정상적인 반응이다. 훈련을 반복하다 보면 밀려드는 자극과 반응 사이 시간의 틈이 늘어난다. 현명한 결정을 내릴 수 있는 시간이 늘어나는 셈이다. 자기 두뇌를 보다 창조적으로 활용하는 방법이다. 또한, 부정적인 생각이 나쁜 감정을 불러일으킨다는 사실도 차차 깨닫는다. 분노와 시기심, 슬픔과 외로움은 의식이 빛을 보지 못해서 생긴 해로운 사고 패턴이다.

이처럼 의식화는 가장 중요한 첫걸음이다. 의식화는 부정적인 생각이 해로운 감정을 불러와 스트레스와 불안을 유발하고,

결국 유익하지 못한 행동으로 이어진다는 사실을 깨닫는 시작이다. 불건전한 사고의 결과를 의식하고 그것이 나쁜 아니라 주변 사람들, 온 세상에 고통을 안긴다는 사실을 알아차린다. 의식은 곧 해방이다. 패턴을 깨달으면 속수무책으로 그 패턴에 빠지지 않을 테니 말이다.

'아하, 내가 또 생각하고 있네. 이건 사실이 아니야.' 의식화 작업을 자주, 철저히 할수록 킹콩은 작은 원숭이로 줄어들 테고 이 원숭이마저 유능한 하인으로 변신할 것이다.

생각을 캐묻는다 | 고약한 생각이 들 때마다 그 배후를 캐물으며 진실 여부를 따질 수 있다. 바이런 케이티Byron Katie가 개발하여 '더 워크The Work'라 이름 붙인 방법이 특히 인상적이고 효과적이다.[4]

요약하자면 계속 자문하는 것이다. '이 생각이 진짜 맞아?' 머리에서 그렇다는 대답이 나오면 더 파고들며 자문한다. '100퍼센트 확신해?' 이런 방식으로 차츰차츰 당신의 이성이 각인의 반향에 불과하며, 지금껏 동일시해온 해묵은 생각에 매달리려 한다는 사실을 깨닫는다.

또한, 당신이 생각에 매달리면 그 생각이 어떤 고통을 불러오는지를 상기한다. 결과를 의식하면 두뇌는 생각을 놓아주거나 바꿀 준비를 할 테고, 당신은 고약한 생각이 제거된 상태가 얼마나 다른지 직접 느껴볼 수 있을 것이다. 그렇게 훈련을 계속하다 보면 언젠가는 생각을 의식하기만 해도 절로 마음 상태가 변한다.

그냥 무시한다 | 생각에 대처하는 또 한 가지 방법은 그냥 무시하는 것이다. 생각을 의식하고 사실이 아님을 깨달은 후 열 번이나 긍정적인 생각으로 바꾸었음에도 계속해서 당신을 괴롭히는, 유독 끈질긴 생각이 있다.

붓다는 그런 끈질긴 생각은 그냥 무시하라고 가르치셨다. 생각이 나타나면 잠깐 인지는 하되, 오래 붙들지 말아야 한다. 일이건 대화건 지금 중요한 일에 초점을 맞춘다. 생각이 또 떠오르거든 다시 잠시 인지하고 바로 무시한다.

이런 인지와 무시의 과정은 정신 훈련이기도 하다. 예전 같았으면 정신이 온 힘을 다해 자기 생각을 관철했을 것이다. 당신은 생각의 말을 믿고 행동하거나 기분이 안 좋아졌을 것이다. 당신이 이성을 왕좌에서 내쫓고 하인의 임무를 맡긴 지금조차도 이성은 여전히 많은 것을 중요시한다. 해묵은 경험에 각인된 이런저런 생각을 당신에게 내민다. 하지만 당신의 의식은 이제 충분히 자신이 원하는 바를 결정할 수 있다. 이제는 같은 눈높이의 싸움이 아니다. 아니 애당초 싸움이 아니다. 당신이 권력을 주지 않는다면 하인은 아무런 힘이 없기에.

생각에게 에너지를 줄지 말지는

오직 당신의 결정이다.

생각은 마음이 드는 하나의 대상에 불과하다. 당신이 내면에서 인지하는 청각적 인상에 불과한 것이다. 그런데 본질상 생각은 바깥에서 들은 말과 자신을 구분하지 못한다. 그 인상에 에너지를 줄 때, 더 나아가 그것과 자신을 동일시할 때 생각은 권력을 휘두른다. 에너지를 주지 않는다면 생각은 지저귀는 새소리 정도의 소음에 불과하다. 그저 하나의 소음이다. 이 진실을 깨달으면 당신은 자유다.

생각을 통제한다 | 그렇다고 해도 생각이 쉼 없이 한 가지 주제를 맴돌 때가 있다. 아무리 무시해도 하인이 계속 강한 논리와 집요함으로 당신의 주의를 끌려 애쓴다. 누군가 에어해머로 당신의 창문을 두드리는 것과 같다. 소음에 불과하다는 사실을 알지만, 무지 신경 쓰인다.

내 인생에도 두뇌가 그렇게 활발히 움직이던 시기가 있었다. 독립하여 명상센터를 차린 후 홍보를 어떻게 해야 할지 몰라 전문가에게 도움을 받고 싶어서 두 사람을 소개받았지만, 두어 번 만나본 후에 이건 아니라는 생각이 들었다. 예감도 안 좋았을뿐더러 그들의 방식이 나의 가치관과는 전혀 맞지 않았다. 나는 같이할 수 없겠다는 뜻을 그들에게 전달했다. 그때까지만 해도 이후에 일어날 악몽 같은 일들을 꿈에도 예상치 못했다. 두 사람은 내게 '자문'의 대가로 어마어마한 돈을 요구했다. 그 돈을 주고 나면 생계를 걱정해야 할 정도의 액수였다. 무엇보다 그들의 요구는 부당했다. 나는 그들에게 어떠한 조언도 받은 적이 없었다.

분노와 자괴감과 수많은 생각이 밀려들었다. 내 머리는 끝없이 그 상황을 맴돌았다. 분해서 죽을 것 같다가 혹시라도 그들의 주장이 먹히면 어떻게 하나 불안이 몰려왔다. 밤이고 낮이고 수천 가지 생각이 나를 놓아주지 않았다. 붓다의 가르침을 누구보다 잘 알았음에도 나의 정신은 그 상황을 곱씹고 또 곱씹었고, 분노와 불안과 슬픔에 휘말렸다.

물론 당시에도 나는 생각이 곧 나는 아니라는 사실을 잘 알았다. 하지만 알아도 별 도움이 되지 않았다. 생각이 너무도 강했으므로 더 강력한 무기를 쓸 수밖에 없었다. 붓다는 파괴적인 생각에는 전사의 끈기로 맞서라고 가르쳤다. 나는 온 힘을 끌어모아 내가 전사라고 상상했고, 정신에게 나는 이런 생각을 원치 않는다고 분명히 알렸다. 힘과 단호함이 필요했다. 한 번의 전투로 끝나지 않는 진짜 전쟁이었다. 생각이 끊임없이 돌아왔지만 매번 단호하게 물리쳤다. 의식으로 밀고 들어오는 모든 파괴적인 생각에게 외쳤다. "아니야. 멈춰! 네가 불러오는 고통 때문에 아무것도 할 수가 없다고." 전투는 계속되었고, 마침내 나는 승리를 거두었다.

나처럼 힘든 시기에 집요한 생각을 마주한다면 당신도 그렇게 대처하라. 속으로 외쳐라. '멈춰! 난 이런 생각 필요 없어.' 이어서 지금 중요한 일로 관심을 돌려라. 내가 여기서 소개한 모든 걸음걸음이 잘 안 될 때마다 전사가 되어라. 생각이 몰고 올 고통을 깨닫고, 절대 생각을 마음에 들여놓지 마라.

온 힘을 다해 단호하게 대처하면 결국 정신은 잠잠해지고 파괴적인 생각도 물러간다. 전쟁에도 이길 것이고, 나아가 자신이 생각의 주인임을 깨닫는 중요한 경험도 하게 될 것이다.

일상의 생각 챙김

하던 일을 잠깐 멈추고 생각을 관찰해보자. 처음에는 스마트폰 알람 같은 도구를 활용해 한 시간에 한 번씩 하던 일을 멈추어 본다. 지금 당신은 무슨 생각을 하고 있었나? 분별하고 있었을까? 지난 일을 후회하고 있었을까? 미래를 걱정하고 있었을까? 습관이 되면 알람이 없어도 자동으로 하던 일을 멈추고 지금의 생각을 의식하게 된다. 자연스럽게 부정적인 생각이 멈추고, 나아가 긍정적이고 창의적인 생각이 자라난다.

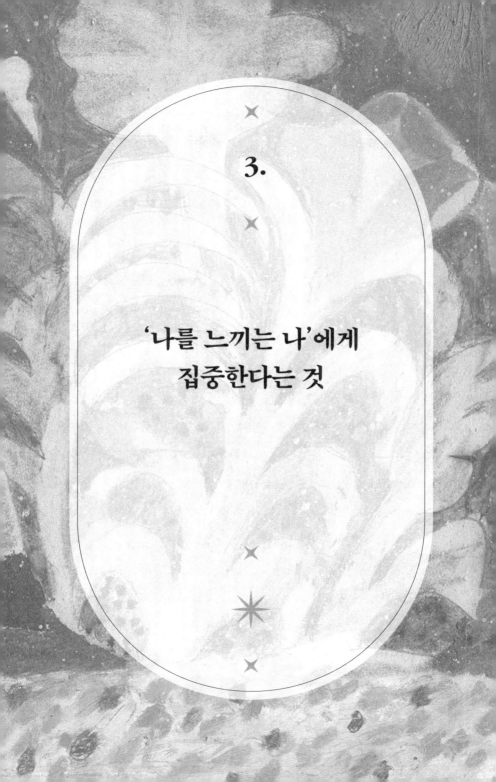

3.

'나를 느끼는 나'에게
집중한다는 것

내 감정인데
왜 이리 어려울까

앞서 배웠듯 명상은 생각, 그리고 감정과 직접 연관이 있다. 멈춰 서서 안으로 관심을 돌릴 때 우리가 가장 먼저 인지하는 것이 대부분 생각과 감정이기 때문이다. 지금껏 생각을 살펴보았으니 이제 눈길을 감정으로 돌려보자.

　미리 말하지만 우리는 모든 일을, 실제로 하거나 하지 않는 모든 일을 감정 때문에 행한다. 특정 감정을 원하므로 그 밖의 감정은 외면하거나 떨쳐버리려 한다. 따라서 명상을 삶에 들여오고 싶다면, 아니 굳이 명상이 아니더라도 더 만족하면서 살고 싶다면 반드시 자신의 감정을 살펴야 한다.

'좋은 감정'의 망상에서 벗어나다

아마 당신은 명상을 통해 괴로운 감정을 털어버리고 싶을 것이다. 불안을 덜어내고 슬픔을 몰아내고 실망과 좌절을 극복하면서 죄책감을 털어버리고 싶을 것이다. 더 나아가 진정한 깨달음을 얻어 마침내 항상 행복하고 만족하는 삶을 살게 되길 꿈꿀 것이다. 수많은 책과 강좌와 팟캐스트와 강연이 약속하듯 말이다. 나를 찾아오는 사람 대부분이 그런 심정이다. 그런 욕망은 지극히 자연스럽고 정상이다.

하지만 늘 좋은 감정만 느껴야 한다는 생각은 망상이다. 미디어는 이 지속적 행복이라는 망상을 더욱 부추긴다. TV 스타와 스마트폰 속 인플루언서는 늘 웃고 맛있는 음식을 먹고 아름다운 풍경을 즐기며 모험을 하는 등 행복해 보인다. 눈앞의 사람이 그러니 당신도 그러고 싶다. 주변에도 고단한 심정을 털어놓는 사람이 별로 없다. 물론 투덜대는 사람이야 많지만, 인생이 정말로 고단한 사람은 이 세상에 당신 하나뿐인 것 같은 때가 한두 번이 아니다.

그러나 붓다는 사성제四聖諦(고苦, 집集, 멸滅, 도道의 네 가지 진리)의 첫 번째를 '고苦'라 하였다. 인생은 괴로움이다. 불쾌한 감정을 전혀 느끼지 않는 사람을 지금껏 나는 한 번도 보지 못했다. 자기는 절대 아니라고 우기는 사람이 있긴 했지만, 얼마 못 가 그 사람은 남들보다 훨씬 치열하게 투쟁하며 살아왔다는 사실을 깨닫곤 했다.

따라서 나는 지금 당장 당신의 머리에서 그 망상을 쓸어내고 싶다. 이 책을 읽기만 하면, 명상을 오래 하기만 하면 절대 불안을 느끼지 않고 슬프지 않으며 고독하지도 않을 것이라는 망상 말이다. 분노는 과거의 일이며 이제 영영 행복하기만 하면 된다는 믿음을 버려라. 인생은 감정이다. 거기에는 온갖 종류의 감정이 포함된다. 그 사실을 받아들이지 않는다면 인생은 언제까지고 괴롭다. 당신에게 기쁨만 주겠다는 인생의 스승을 만나 기가 막힌 비법을 전수받을 수야 있겠지만 얼마 못 가 깨달을 것이다. 당신은 여전히 한 인간이라는 사실을 말이다. 인간이라는 말은 온갖 감정을 다 경험한다는 말과 다르지 않다.

나 역시 명상을 만나 인생이 바뀐 지금도 여전히 불안하다. 예전보다 훨씬 미세하고 훨씬 가끔이기는 하지만 변함없이 불안을 느낀다. 기쁨의 시간이 눈에 띄게 늘었지만 그래도 불안과 슬픔과 다른 힘든 감정이 여전히 남아 있다. 지금은 감정을 전혀 다르게 대한다는 결정적인 차이만 있을 뿐이다.

지금 나는 내 감정 때문에 '문제'를 겪지 않는다. 감정을 받아들이고 관찰하여 과거의 패턴과 상처, 유년기의 기억을 알아차린다. 감정이 내게 하고픈 말이 있음을 알아차리고 그것을 내 삶의 일부로 받아들인다. 그럴 때 여전히 불쾌하냐고? 당연하다. 또 그래야 한다. 왜 그래야 하는지 그 이유는 뒤에서 자세히 설명한다. 어쨌든 나는 도망치지 않는다. 억압하지도 않는다. 타인에게 투사하거나 회피하지도 않는다. 나는 감정과 평화롭게 산다. 그래서 자유롭다.

붓다도 말씀하셨다.
감정에서 해방되는 것이 아니라
온갖 감정을 느끼는 와중에 자유로울 수 있다고.

정서적 고통은 감정 자체가 아니라 감정을 대하는 방식 때문에 생긴다는 사실을 나는 오랫동안 몰랐다. 당신도 나처럼 언젠가는 힘든 감정을 다 쫓아낼 수 있으리라고 망상한다면 앞으로도 고난의 길을 걸어야 할 것이다. 감정은 인생의 일부이다. 사람됨의 일부이다. 때로는 징글징글하게 불쾌하다. 나도 안다. 하지만 지금 불쾌하게 느낀다고 해서 앞으로도 그러리라는 보장은 없다. 건강한 방식으로 힘든 감정을 다루는 법을 배운다면 자유로워질 수 있다. 그것이 바로 진정한 자유의 의미이다.

잊지 말아야 할 감정의 진실
- 불안에서 애써 도망칠 필요 없다. 불안해도 하고 싶은 것을 다 할 수 있다.

- 분노는 에너지로 바꿀 수 있다. 그 에너지로 중요한 일을 할 수 있다.
- 슬픔을 억압할 필요가 없다. 슬픔도 인생의 선물이다.
- 탐욕과 자만, 질투에 쫓기지 않는 자신을 상상해보라.
- 죄책감은 치유가 임박했다는 신호이다.
- 고독은 진정한 당신의 본성을 상기시킨다.
- 힘들고 고통스러운 감정은 모두 당신을 위해 존재한다.

지금은 비현실적으로 들리겠지만 그냥 뛰어들어보자. 탐구는 힘든 감정에 대처하는 불교심리학의 핵심이다. 달아나지 말고 도전에 임하라는 말이다. 겉만 쓱 훑지 말고 더 깊숙이 바라보면서. 그것은 명상의 길이기도 하다.

감정을 대면할 용기

깨달음을 얻어 행복만 느끼며 사는 삶이 목표가 아니다. 목표는 조금씩 자신을 믿고 감정 대처법을 신뢰하여 진정으로 자유로워지는 것이다. 오랜 시간이 흘렀지만, 내게도 여전히 감정 때문에 힘든 시절이 있다. 하지만 지금의 나는 빨리 그 감정에 대처하기에, 아름다운 감정들이 내 인생에 압도적으로 지배

적이다. 이 말을 굳이 쓰는 이유는 그것이 가능하다는 사실을 알리고 싶기 때문이다. 당신의 인생도 수월해질 수 있음을 가르쳐주고 싶기 때문이다. 물론 지금 고된 순간을 지나고 있다면 내 말이 믿기지 않겠지만, 거듭 말해주고 싶다. 때로 시간이 오래 걸리지만 절대 불가능하지 않다는 것을.

용기가 필요하다. 용기에 관해 당신에게 들려주고 싶은 이야기가 있다. 언젠가 고즈넉한 저녁 시간에 선승께서 내게 들려주신 이야기이다. 불안에 어떻게 대처해야 하느냐고 물었더니 잠시 고민하시던 스님께서 아래의 이야기를 들려주셨다.

불안과 용기에 대하여

티베트 산중에 어린 승려가 살았다. 어렸으나 큰 스님이었던 그는 전생을 기억하였기에 일찍부터 절에서 승려들과 함께 살았다. 실제로 그 아이에게선 범상치 않은 아우라가 풍겼다. 평범한 아이가 아니었다.

하루는 아이가 젊은 승려 둘과 산책을 하는데, 갑자기 굶주린 들개 몇 마리가 나타났다. 들개들이 이를 드러내며 달려들었다. 두 젊은 승려는 어찌나 무서운지 뒷걸음질을 치며 도망갈 궁리를 했다. 그런데 어린 승려가 팔을 번쩍 치켜들고는 고함을 지르며 들개 무리에 달려들었다. 무서운 기색은 눈 씻고 찾아도 없을 정도로 용맹하기 그지없었다. 들개들도 알아차렸는지 주

춤하더니 꽁무니를 빼며 달아나버렸다. 두 승려가 그 광경을 보고 돌아와 무섭지는 않았는지, 어디서 이런 대처법을 배웠는지 물었다. 어린 승려는 웃으며 대답했다. "제 스승님께서 무서울 때는 달아나지 말고 달려들라고 가르치셨습니다."

두 승려는 크게 감동하여 스승님이 어디에 계시는지, 혹시 그분을 만나 뵐 수 있는지 물었다. 그러자 어린 승려가 대답했다. "지금 어디 계시는지는 모릅니다. 1950년에 중국 인민군이 우리 조국을 침략했을 때 도망치지 않고 바로 중국으로 달려 들어가셨으니까요. 그날 이후 한 번도 못 뵈었습니다."

나는 이 이야기를 참 좋아한다. 유머가 넘치기도 하거니와 감정을 어떻게 대해야 할지를 잘 가르쳐준다. 이야기를 들려주신 스님은 침대 밑에 귀신이 산다고 믿는 아이에게도 이런 용기가 필요하다고 말씀하셨다. 매일 밤 아이는 식은땀을 흘리며 침대에 눕는다. 귀신이 언제 침대 밑에서 기어 나올지 모르기 때문이다. 아이는 매일 밤 똑같은 공포에 시달린다. 그러던 어느 날, 도저히 이렇게는 살 수 없다고 생각한 아이가 용기를 짜내어 침대 밑을 한번 들여다보자고 결심한다. 그리고 마침내 그곳에 귀신이 없다는 사실을 깨닫는다.

우리의 감정도 마찬가지이다. 진실로 감정을 대면할 용기를 내면, 감정의 본성을 알게 되고 자유를 얻는다.

모든 행동은 감정에서 탄생한다

아직도 나는 내 인생 최악의 시절을 기억한다. 힘든 만큼 배운 점도 많았고 그만큼 소중한 시간이었다. 당연히 당시엔 그 사실을 몰랐다. 오히려 내 인생과 모든 괴로운 감정을 저주하기만 했다. 뒤편에 숨은 교훈과 선물을 알 리 없었으니, 누군가 당시의 내게 참 소중한 시간이라고 말했다면 욕부터 퍼부었을 것이다. 나는 누구보다 일을 잘해내고 싶었고 자신의 요구와 타인의 기대를 무난히 충족할 만큼 여유 있는 사람이고 싶었다. 내게는 수많은 의무가 있었다. 메일함을 꽉 채운 이메일과 쉬지 않고 항의하는 고객들, 이번 프로젝트는 진짜 중요하다고 압박하는 상사와 정성을 다하고 싶은 여자친구가 있었다. 그러다 보니 나를 돌아보고, 정말로 중요한 질문을 던질 시간이 없었다.

불안이 심해지고 위장장애와 두통으로 몸이 비명을 질러대자 그제야 서서히 정신이 돌아왔고, 나는 마침내 질문을 던지기 시작했다.

나는 왜 이 모든 일을 하는 걸까?

당신은 어떤가? 매일 하는 일들을 왜 하는가? 진심으로 이 질문을 던져본 적이 있는가? 당신은 왜 이 일을 하는가? 왜 친구와 파트너와 주변 사람들을 만나는가? 왜 그런 식으로, 그런 음식을 먹는가? 왜 앉아서 이 책을 읽고 있는가?

이 질문에 시간을 내어주자. 쪽지를 꺼내 대답을 적어보자. 겉핥기로 그치지 말고 더 깊이 들어가보자. 도움이 될 마법의 주문은 바로 '왜?'라는 질문이다. 간단한 예를 들어보자.

'왜?'라는 질문을 던져보자

- 나는 돈을 벌러 이 직장에 다닌다. 왜?
- 글쎄 뭐 휴가를 가고 싶으니까. 왜?
- 외국을 직접 가보고 싶으니까. 왜?
- 그럼 행복하고 자유로우니까.
- ▶ 아하, 당신은 자유와 행복을 경험하고 싶은 것이군!

더 까다로운 질문

- 왜 그 직장에 다니는가?
- 돈을 벌어야 먹고 월세를 내니까. 왜?
- 그야 간단하지. 거리로 나앉으면 노숙자가 될 테니까.
- ▶ 그러니까 당신은 안정된 삶을 살고 싶은 것이군!

요약하면 당신이 하는 모든 일엔 두 가지 이유가 있다. 아침에 일어나서 이를 닦고 차를 타고 출근하는 이유, 사람을 만나고 온갖 일을 하는 이유는 딱 두 가지이다.

당신이 하거나 하지 않는 모든 일의 두 가지 이유

- 긍정적 감정을 경험하고 싶다.
- 고통스러운 감정을 피하고 싶다.

난 또, 뭐 대단한 발견이라고? 처음엔 그런 생각이 들 것이다. 하지만 장담하건대, 이 말의 진정한 의미를 깨닫는다면 당신의 인생도 긍정적으로 바뀔 수 있다.

당신은 모든 일을, 정말로 모든 일을 감정 때문에 한다. 감정이 없으면 당신은 한 발짝도 움직이지 않을 것이다. 감정이 없다면 연필과 볼펜 중 하나를 고를 수도 없다. 바로 그 사실을 인상 깊게 입증한 사례가 있다. 어느 날 포르투갈계 미국인 신경과학자 안토니오 다마지오Antonio Damasio를 찾아온 엘리엇Elliot이라는 이름의 환자 이야기이다.

엘리엇의 이야기

엘리엇은 뇌수술을 받고 감정을 잃었고, 더불어 판단력도 상실했다. 수술 전에는 친구들 사이에서 인기가 많았고 직장에서도 승승장구했으며 충실한 남편이자 다정한 아버지였다. 그런 그가 수술을 받은 후엔 어떤 방송을 들어야 할지 결정하지 못하고 몇 시간이나 라디오 앞에 우두커니 앉아 있었다. 맡은 업무를 처리하지 못해 회사에서도 잘렸고 말도 안 되는 사업에 투자해서 돈을 몽땅 날렸으며, 결국 아내와도 헤어졌다. 가족이 결사반대하던 여자와 재혼했지만 얼마 못 가 다시 이혼했다. 삶 전체가 서서히 무너졌다.

종양을 제거한 그의 두뇌는 감정을 담당하는 뇌 부위와 소통하지 못했다. 다마지오는 엘리엇의 감정이 '차가워졌다'고 표현했다. 엘리엇은 아무 감정 없이 자기 사연을 털어놓았다. 슬픔도 분노도 기쁨도 없었다. 감정과 함께 직감도 잃었다. 사람은 자료를 분석하여 이성적이고 객관적인 결정을 내리기 전에 이미 직감으로 판단을 마친다. 엘리엇은 직감의 목소리를 들을 수 없었다. 모든 것이 똑같은 느낌으로 다가왔기 때문이다.[5]

엘리엇의 사례 연구는 센세이션을 불러일으켰다. 당시만 해도 인간은 오직 이성에 근거하여 판단을 내린다는 견해가 지배적이었다. 나 역시 다르지 않았다. 내가 매일 하는 일들을 왜 하는지, 나의 이성은 수천 가지 이유를 들이밀었다. 회사에서 압박을 주니까, 성공하고 싶으니까, 회삿돈 수억이 걸린 일이니까……. 감정은 훼방꾼일 뿐이었다. 그래서 나는 감정을 억압하거나 회피하는 데 최선을 다했다.

하지만 감정은 우리 몸을 움직이는 에너지이다. 감정을 차단하면 감정은 유리병에 갇힌 말벌처럼 폭력도 마다치 않고 난동을 부리며 탈출하려 한다. 어릴 적부터 우리는 늘 자제해야 한다고 배우지만, 아무리 조심한다 해도 감정 억압은 장기적으로 해로울 수밖에 없다. 원하건 아니건, 의식하건 아니건, 지금껏 우리는 모든 일을 감정 때문에 해왔다. 이 책을 읽는 것도 감정 때문이요, 결혼한 것도 감정 때문이며, 친구를 사귀는 것도 감정 때문이다. 감정 때문에 자리에서 일어나고 감정 때문에 밥을 먹으며 감정 때문에 아이를 낳는다. 당신이 하는 모든 일, 정말로 모든 일이 고통스러운 감정을 피하고 좋은 감정을 간직하려 하기에 일어난다.

돈을 벌면 죽을 만큼 불행해진다는 사실을 아는데도 돈을 벌려고 할까? 결혼하면 죽을 만큼 불행해진다는 사실을 알면서도 결혼을 하려고 할까? 건강하면 죽을 만큼 불행해지는데도 건강해지고 싶을까?

특히 마지막 질문이 어렵다. 마음챙김 아카데미나 세미나 참석자들에게 이 질문을 던지면 선뜻 대답을 못 한다. 건강이냐 행복이냐? 건강이 제일 중요하지 않을까? 글쎄⋯⋯.

미국에서 1976년에 실시한 재미난 연구의 결과도 바로 이 점을 지적한다. 행복과 건강의 관계는 우리의 일반적인 생각과 다르다.[6] 연구진은 매우 행복한 집단, 매우 불행한 집단, 비교 집단, 세 집단에 질문을 던졌다. 매우 행복한 집단은 몇 달 전 로또에 당첨된 스물두 명이었다. 로또 당첨은 만인의 꿈이 아닌가? 하루아침에 엄청난 돈이 통장에 들어온다면 정말 행복할 것 같지 않은가?

매우 불행한 집단은 최근에 사고를 당해 심각한 영구 장애를 안게 된 사람들이었다. 휠체어를 타야 하거나 아예 침대 밖으로 나올 수 없어서 남의 도움에 의지할 수밖에 없는 사람들이었다. 그들은 지금의 삶이 불행하다고 평가했다.

그런데 모두에게 미래가 어떨지를 묻자 재미난 일이 벌어졌다. 로또에 당첨된 사람들은 장애를 얻은 사람들보다 미래가 덜 행복할 것이라 대답했다. 하루아침에 부자가 된 사람들은 일상의 소소한 행복을 잃고 다시 큰 행운을 기대했지만, 불행하다고 답한 사람들은 정말 필요한 것은 다 있다는 깨달음을 얻고서 매사에 감사할 줄 알았다.

따지고 보면 우리는 직장도, 관계도, 건강도, 깨달음도, 그것이 우리를 행복하게 만든다는 가정하에 얻고자 노력한다. '성공해서 돈을 많이 벌면 행복할 거야.' '멋진 배우자를 만나면 행복할 거야.' '세상 이치를 깨달으면 행복하겠지.'

열심히 뒤쫓아간 것들에 행복을 투사하느라 행복 그 자체가 중요하다는 사실을 잊어버린다. 여기서 행복이란 기쁨이나 충만, 열정이나 평화 같은 긍정적 감정의 대변인 격이다.

기분과 감정은 다르다

불교심리학은 기분과 감정을 명확히 구분한다. 기분은 쾌감, 중립, 불쾌감의 세 범주로 나뉜다. 이 세 종류의 기분을 하루에도 수천 번씩 경험한다. 포근한 침대에 누워 있을 때는 기분이 쾌적하다. 억지로 무거운 몸을 일으킬 때는 불쾌하다. 식탁에 앉을 때는 중립적일 테고 향긋한 커피를 한 모금 마실 때는 쾌적하며 추운 겨울 서늘한 욕실로 들어갈 때는 불쾌할 것이다. 지상의 생물이라면 모두가 이렇듯 쉬지 않고 바뀌는 기분의 리듬을 느낀다. 개도, 고양이도, 새도, 달라이라마도, 택배기사도. 물론 대부분 의식적으로 인지하지 못한다. 생각과 번잡한 일상에 정신이 팔려 기분을 의식할 틈이 없기 때문이다. 무언가를 인지했다면 그때는 이미 기분에서 감정이 파생하고, 특히 그 감정이 강렬해진 후일 것이다.

그러니까 기분은 기본적인 감정이다. 감정은 에너지이고 우리 몸은 이 에너지를 이용해 기분에 반응한다. 따라서 모든 종류의 기분에서 온갖 감정이 탄생한다. 쾌적한 기분이 반드시 쾌적한 감정을 불러오지는 않는다. 처음에는 쾌적하던 기분이 질투나 분노를 불러올 수도 있다. 가령 단것을 많이 먹으면 뚱뚱해진다고 굳게 믿는 경우 향긋한 크루아상도 구역감을 일으키고, 혹시 그걸 먹었다면 수치심에 괴로울 것이다. 다른 사람은 똑같은 크루아상을 먹고 너무너무 행복한데 말이다. 부정적인 기분 역시 긍정적인 감정을 불러올 수 있다. 탈진감이 해냈다는 자부심과 기쁨을 불러오듯이 말이다. 극단적으로 마조히스트의 경우 신체 고통으로 만족과 기쁨을 느낀다.

기분은 어느 정도 고정적이다.
쾌적하거나 중립적이거나 불쾌하다.
그러나 기분에 따른 감정의 반응은
내면 프로그래밍에 따라 달라진다.

감정 두뇌와 이성 두뇌의 상호작용

이제 흥미로운 질문을 던질 차례다. 어떻게 해서 이런 각인에 도달했을까? 더 중요한 질문, 어떻게 하면 각인을 바꿀 수 있을까?

한 장면을 떠올려보자. 당신은 지금 작은 가방을 들고서 버스를 타고 집으로 가고 있다. 엉덩이에 좌석의 감촉이 느껴지고 살짝 배가 고프다. 방금 옆을 지나간 여성의 향수 냄새가 난다. 엔진소리와 뒷좌석에서 여학생 둘이 떠드는 소리도 들린다. 조금 전에 입에 넣은 껌 맛도 느껴진다. 그런데 문득 맞은편에 앉은 젊은 남자가 당신을 째려보더니 고개를 절레절레 젓는다.

당신 마음에서 무슨 일이 일어날까? 기분이 감정이 되는 과정은 상황과 관계없이 언제나 같다. 여기서 잠깐! 버스 에피소드를 따라가기 전에 먼저 다른 이야기 한 편을 들려주겠다.

세 남자 이야기

은퇴한 노년의 남성 셋이서 작은 배를 타고 낚시를 즐긴다. 이들은 어릴 적 친구로, 한 사람은 항구에서 하역 작업을 하던 노동자였고 또 한 사람은 야간경비원, 나머지 한 사람은 학자였다. 그런데 셋이 낚시에 열중하는 사이 배가 해류에 떠밀려 바다 한가운데로 나가버렸다. 해는 쨍쨍했고 바다는 조용했으며 작은 배는 파도에 밀려 흔들거렸다.

세 사람은 농담을 주고받으며 앞으로의 인생을 어떻게 꾸릴지 고민했다. 작은 체구에 큰 안경을 쓴 야간경비원은 평생 밤마다 시립공원을 순찰했다. 그때마다 평소와 다르거나 위험한 징후가 없는지 촉각을 곤두세웠다. 두 친구가 웃고 떠드는 동안에도 그는 긴장을 늦추지 않고 연신 주변을 살폈다. 그러다 보니 수평선에서 밀려오는 파도가 거칠어졌다는 사실을 제일 먼저 알아차렸다. 바람도 더 거세진 듯했다. 이제 그의 임무는 모두를 위험에서 보호하는 일이었다.

그와 학자는 몸이 허약하지만, 항구노동자는 평생 거친 노동을 했던 터라 아직도 힘이 좋았다. 그래서 야간경비원은 항구 노동자에게 어서 힘껏 노를 저어 항구 쪽으로 배를 몰아달라고 부탁했다. 항구노동자는 친구가 시키는 대로 힘껏 노를 저었다. 배가 힘차게 움직였다. 둘은 완전히 흥분 상태였다. 그러나 학자는 골똘히 생각에 빠졌다가 그만 깜빡 잠에 들었다.

배가 움직이는 바람에 잠이 깬 학자는 다시 정신을 차리고 상황을 냉철히 관찰하기 시작했다. 뱃전에 부서지는 파도를 살피고 귓가를 스치는 바람을 가늠했다. 그리고 마침내 항구로 향하는 해류를 찾아냈다. 그는 배를 그쪽으로 몰라고 조언했고, 해류에 올라탄 배는 무사히 항구로 돌아왔다.

세 친구는 서로의 목숨을 구했다. 야간경비원은 긴장의 끈을 놓지 않은 덕분에 빠르게 반응하였고, 항구노동자는 적극적으로 행동했으며, 학자는 반응은 늦었지만 상황을 올바르게 판단하였다.

야간경비원은 감정 두뇌인 편도체amygdaloid body이다. 그것은 언제나 방심하지 않고 모든 상황을 분류한다. 감정 두뇌가 위험을 감지하면 우리는 하던 일을 계속하기 힘들다. 야간경비원이 친구들의 농담을 중단시켰듯 녀석이 우리 신경을 자기 쪽으로 끌어당기기 때문이다.

감정 두뇌는 거의 반사적으로 항구노동자, 즉 간뇌midbrain에 명령을 내린다. 그러면 항구노동자가 노를 저어 배를 움직였듯 간뇌에서 분비된 호르몬이 우리 몸을 움직인다. 심장은 고동치면서 산소를 몸에 공급하고, 위장은 움츠러들어 몸이 필요한 곳에 에너지를 쓸 수 있게 한다.

이제 우리 안의 학자가 정신을 차린다. 이 뇌 부위는 신피질 neocortex이라 불리는데, 논리적으로 생각하고 말하게 하는 이성에 관여한다. 학자는 상황을 더 정밀하게 관찰하여 야간경비원보다 훨씬 많은 사실을 알아낸다. 그리고 그 사실을 바탕으로 상황을 재평가한다. 정말로 감정 두뇌의 믿음처럼 위험한가? 어떤 행동이 가장 바람직한가?

이제 다시 버스의 상황으로 돌아가보자. 무슨 일이 일어났는가? 당신의 오감은 당신 몸과 주변을 인지한다. 대부분의 감각은 중립적인 기분을 불러오지만, 유쾌한 기분을 불러오는 감각도 상당수이다.

그러다가 문득 젊은 남자의 기분 나쁜 시선이 느껴진다. 사실 이런 인상 역시 따지고 보면 중립적이다. 그러나 당신의 감정 두뇌는 과거의 각인을 근거로 이 시선을 위험하다고 판단한다. 이런 무의식적 판단이 1초도 안 되는 짧은 시간 안에 화학물질을 혈관으로 쏟아내고, 당신은 그것을 '불안'과 '약간의 수치심'으로 느낀다. 감정이 촉발되면서 당장 자리를 옮기고 싶은 충동도 일어나며, 거의 동시에 머릿속에선 이런 생각이 솟구친다. '내가 뭘 잘못했지?' '가방이 자리를 너무 많이 차지하나?' '뭘 원하는 거지?' '위험한 놈은 아닐까?' '주변에 사람이 많아 괜찮겠지만 그래도 요새 이상한 인간이 하도 많아서…….' 수많은 생각이 머리를 스쳐 지나가고 불안은 점점 심해진다.

다음 정류장에 도착하기 직전 남자가 벌떡 일어나 또 한 번 당신을 째려보더니 버스에서 내린다. 안도감이 밀려든다. 동시에 그야말로 온갖 생각이 물밀 듯 밀려든다. '저 인간 뭐지?' '내가 뭘 잘못했지?' 수치심도 솟구친다. '내가 탈 때 밀쳤나?' 아니라고 고개를 젓는 순간 또 다른 생각이 떠오른다. '요즘 사람들은 너무 무례해.' 분노가 치민다. '옛날엔 안 그랬는데…….' 이제 당신은 살기 좋던 과거를 떠올리면서 마음이 울적해진다.

생각의 고리를 돌고 도는 사이 내릴 정류장에 도착한다. 집으로 가는 길에 이웃집 아주머니를 만나 버스에서 있었던 일을 들려준다. 그녀와 함께 요새는 이상한 사람이 너무 많다고 한탄한다. 마음이 불안해지고 분노가 치민다.

무슨 일이 일어났던가? 젊은 남자가 버스에서 내리자 당신의 근육은 긴장을 풀었고 몸속 감정들도 사라졌다. 그렇게 감정 두뇌가 경보를 해제하자 이번에는 대뇌(두뇌의 의식적 부위)가 풀가동을 시작했다. 평가하고 단죄하는 수많은 생각이 감정 두뇌에게 더 많은 감정을 생산하라고 지시했다. 이 감정을 당신은 분노, 수치심, 슬픔으로 인지한다. 상황은 오래전에 끝났는데도 생각만으로 불쾌한 감정의 끝없는 흐름을 만들어낸다.

사실 그 젊은 남자는 조금 전에 여자친구와 헤어졌을지도 모른다. 아니면 버스가 급정거하는 바람에 당신의 가방에 무릎을 부딪쳤을 수도 있다. 아프지만 소심해서 차마 말을 못 했던 것이라면?

당신이 지금껏 힘든 감정에 대처해온 전략

회피 | 불안이나 고독 같은 힘든 감정은 진화의 관점에서 보면 불쾌해야 마땅하다. 수천 년 전 우리는 그 감정들 덕분에 살아남았다. 불안은 우리가 맹수와 맞서 싸우거나 빠르게 도망치도록 몸을 일으켜 세운다. 외로움이 불쾌한 이유는 배척이 곧 죽음을 의미하던 시절, 집단에 순응하는지가 생존과 직결되었기 때문이다.

우리가 힘들다고 부르는 대부분의 감정은 신체적으로도 불쾌하다. 맞다. 불쾌하다. 하지만 안전하다. 낯설지만 명백한, 꼭 기억해야 하는 사실이다. 실제로 부끄러워서 죽은 사람을 본 적 있는가? 물론 불안이나 고독이 해로운 결과를 낳을 수는 있다. 하지만 원인은 감정 그 자체가 아니다. 당신이 불쾌한 감정을 느끼는 순간에는 아무 일도 일어나지 않는다. 정작 몸과 마음을 해치는 것은 감정을 허용하지 않는 당신의 마음이다.

감정은 소화와 혈액순환처럼 몸에서 일어나는 자연스러운 과정이다. 감정은 안전하다. 때로는 불쾌하다. 이 불쾌함을 우리는 피하려 애쓴다. 문제는 요즘 세상에는 생명을 위협할 맹수가 존재하지 않는다는 사실이다. 집단에서 배척당하는 일이 좋지는 않겠지만, 사회구조상 크게 위험하지는 않다. 그런데도 온갖 위험을 모조리 피하려고 애쓴다면 두뇌는 이런 불리한 패턴에서 벗어나는 방법을 배우지 못한다. 사람들 앞에서 발표를 절대 안 하면 발표가 곧 죽음이 아니라는 사실을 배우지 못하는 것과 같다.

경험에 기회를 주지 않으면 감정 두뇌는 각인에 매달린다. 더 심한 경우, 불쾌한 상황이라면 무조건 피하면서 일상의 상황들을 점점 더 위험하거나 고통스럽다고 평가할 것이다. 당연히 행복의 범위는 더 줄어들고 삶의 질은 더 떨어진다.

우리가 익힌 회피 전략 대다수는 의식적 결정이 아니다. 물론 의식적으로 회피할 때도 많다. 그 안에 도사린 감정과 위험이 겁나기 때문이다. 하지만 대부분의 회피 전략은 무의식적이다.

- 술과 마약
- 음식: 힘든 감정을 피하려고 음식이 불러오는 긍정적 감정을 이용한다.

- 쇼핑: 따분함을 쫓으려고 새 물건을 살 때 잠깐 분비되는 엔도르핀에 목을 맨다.
- 일: 조용히 자신과 대면하는 순간을 피하려고 쉬지 않고 일에 몰두한다.
- 잠: 불쾌한 일을 피하려고 필요 이상으로 잠을 잔다.
- 미디어: TV를 보거나 소셜미디어, 게임을 하고 온종일 음악이나 팟캐스트를 틀어놓는다.
- 사람: 외로울까 봐 거의 온종일 가족이나 친구와 함께한다.

물론 위의 목록은 지극히 건강한 방식으로 즐길 수도 있는 일들이다. 중요한 것은 자신이 힘든 감정을 외면하거나 피하려고 어떤 일을 하는지를 의식하는 일이다.

당신의 회피 전략

힘든 감정을 피하려고 위에 적은 일이나 다른 일을 한 적이 없는지 한번 생각해보자. 충분히 시간을 두고 최소 열 가지 상황을 솔직하게 적어본다.

억압 | 억압은 가장 흔한 회피 전략이다. 사실 힘든 감정이 상황에 걸맞은 경우는 극히 드물다. 사무실에 앉아 있는데 상사가 와서 다음 주 미팅에서 프레젠테이션하라고 지시한다. 갑자기

마음이 불안해진다. 그렇게 부탁했는데 남편이 또 쓰레기를 안 가지고 나갔다. 화가 머리끝까지 치민다. 그러나 달아날 수 없기에 우리는 감정을 억압하고 애써 편안한 표정을 짓는다. 심리학에서는 이런 전략을 '표면 연기surface acting'라 부른다. 슬퍼도 미소를 짓는다. 불안해도 자신 있는 것처럼 행동한다. 이런 억압의 과정에서 '신체와의 분리'가 일어난다. 감정을 느끼지 않으려 억압하는 매 순간 우리는 목 아래의 몸에서 떨어져 나간다.

잘하고 싶고 남들 눈에 띄고 싶지 않고 약해 보이고 싶지도 않고 누구의 짐도 되고 싶지 않다. 이를 위해 감정을 억압하지만, 그럴 때마다 몸에서 멀어진다. 그렇게 한 해 한 해 세월이 흐르는 사이 우리는 완전히 자신을 느끼지 못하게 된다. 지금 몸에서 어떤 감정이 느껴지냐고 물으면 명상센터를 찾은 많은 사람이 무척 당황한다. 자신과의 연결을 잃어버리면서 힘든 감정은 물론이고 심신의 멋진 면들까지 쫓아버렸기 때문이다. 감정과 함께 신체 지능, 직관, 건강에 대한 신체 피드백까지 모조리 다 내버렸다.

더 심각한 문제는 잘하려 애쓰는 사이 점점 더 몸의 신호를 듣지 못한다는 사실이다. 견디지 못한 몸은 소화불량, 두통, 등통증, 이명, 현기증, 만성피로 같은 심신 증상으로 반응한다. 대부분 이 지점에 이르러서야 병원을 찾지만 안타깝게도 돌아오는 것은 계속 굴러가도록 도와주는 진통제가 전부이다. 문제는 그런 방식으로 해결되지 않는다. 그런데도 계속 감정을 억압하면 결국 몸은 감정을 도둑맞지 않기 위해 병이 든다.

억압 전략은 거의 자동적이다. 인간의 두뇌는 시간과 에너지를 절약하기 위해 최대한 많은 상황에서 자동장치를 마련한다. 그래서 감정 억압도 대부분 무의식적으로 일어난다. 그러나 그 과정을 의식적으로 인지하려 노력하면 몸의 변화를 관찰할 수 있다. 억압이 몸에 그대로 반영되기 때문이다. 지금 당신이 온화한 표정의 가면 뒤로 감정을 꿀꺽 삼킨다면 당신의 몸은 아마 이런 모습일 것이다.

당신의 억압 전략과 신체 반응

- 목이 긴장한다. 자신의 심정을 주변에 알리지 않으려는 노력이 목과 어깨 근육을 긴장시킨다.
- 숨을 멈춘다. 자기도 모르게 연신 숨을 멈춘다. 감정을 억압하는 과정에서 몸이 긴장하는 것이다.
- 감정을 삼켜내면서 같이 침을 삼킨다.
- 마비된다. 얼굴 같은 부위에 감각이 없어진다.
- 마음이 불안하다. 몸에 불안이나 짜증이 콱 박힌 느낌이다.

▶ 앞으로 일주일간 수첩과 볼펜을 가지고 다니면서 감정을 억압하는 매 순간을 알아차리고 기록해보자.

예시) 호흡이 불규칙하다. 미팅 때문에 불안하고 짜증이 나는데 그걸 억누르는 것 같다. (……) 조금 전에 기침을 심하게 하고 침을 많이 삼켰다. 상사의 호통을 듣고도 아무 말 못 했는데 그 화를 '삼키고' 싶었을 것이다.

투사 | 투사는 아주 많이 사용되는 또 한 가지 감정 대처 전략이다. 내가 느끼는 이 비참한 기분은 타인의 탓이다. 남편이 잘못했다. 그렇게 부탁했는데 또 쓰레기봉투를 안 들고 나갔다. 상사가 잘못이다. 내가 그토록 열심히 했는데도 칭찬 한마디를 안 한다. 정치인이 잘못이다. 민생에는 관심 없고 당파싸움만 하는…….

겉으로 보면 다 맞는 말이다. 하지만 투사 전략은 중요한 사실을 모르기에 생긴다. 외부의 인지와 감정의 반응 사이에 '분별'이라는 아주 중요한 요인이 있다는 사실이다. 화도, 슬픔도, 불안도, 시기심도 다 당신이 만든다.

투사 전략은 파괴력이 어마어마하다. 모든 싸움과 갈등은 물론이고 인류사의 모든 전쟁은 결국 상대가 잘못이라는 기분에서 시작했다. 억눌러온 불안이 어느 사이 분노나 증오, 시기로 표출된다. 그러니 불안도 그저 지나가는 감정에 불과하다는 사실을 인류가 깨닫는다면 이 세상은 평화와 기쁨이 넘치는 낙원이 될 것이다.

자신의 감정을 책임진다

혹시라도 자기감정을 남 탓으로 여기지는 않는지 한번 곰곰이 생각해보자. 집에서, 회사에서, 친구들 사이에서 혹시 남 탓을 하지는 않았는가?

다음 단계로, 당신이 자기감정을 타인에게 투사한다는 사실을 의식해보자. 자기감정에 책임을 지는 것은 자유로 가는 큰 걸음이다.

고민 | 네 번째 전략은 고민이다. 생각은 고통스럽지 않다. 그토록 많은 사람이 매일 밤 잠자리에 누워서 머리를 싸매고 고민하는 이유다. 버스에 앉아서도, 운전하면서도 생각하고 또 생각한다. 단 1초도 문제에서 벗어나지 못한다.

모두가 생각으로 문제를 해결할 수 있다고 믿는다. 하지만 우리가 매일 하는 생각의 절대다수는 사실 마침표를 찍지 못하는 반복되는 문장에 불과하다.

물론 숫자는 적지만 건설적인 생각도 있다. 이성은 문제 해결을 돕는 유능한 하인이다. 앞서 세 노인의 이야기에서도 집으로 돌아가는 해류를 찾아낸 주인공은 학자였다. 문제의 원인은 감정이다. 숨어 있는 감정을 느끼지 않으려 애쓰며 끝없는 고민으로 감정을 쫓아버리려 한다면 문제는 절대 해결되지 않는다.

고민하지 말고 느낀다

머리끈이나 고무줄을 한쪽 손목에 끼우자. 그리고 문득문득 자신이 고민에 빠지지 않았는지 체크해보자. 고민에 빠진 자신을 발견하거든 고무줄을 반대편 손목으로 옮긴다. 그러면서 고민 뒤편에 무슨 감정이 숨어 있는지 자문해보고, 몸으로 그 감정을 느끼려 노력해보자.

감정 내려놓기
연습

마음챙김 아카데미에서 수업을 할수록 나는 과거를 억압하려는 노력이 마음에 얼마나 부정적 영향을 미치는지 절감했다. 반대로 감정을 건강하게 대하여 마음 상태를 개선한 수강생들을 목격할 때면 매번 놀라고 기뻤다. 이런 깨달음은 감정 등급을 만든 정신과 의사 데이비드 호킨스David Hawkins의 놀라운 연구와도 딱 맞아떨어진다.[7] 호킨스는 낮은 수준의 감정과 높은 수준의 감정이 있고, 그것을 어떻게 다루느냐에 따라 부정적인 감정이 되기도, 긍정적인 감정이 되기도 한다고 주장한다. 가령 억압, 회피, 투사, 고민은 감정을 하위 등급으로 떨어뜨린다. 반대로 내가 개발한 '감정해방과정Emotional Freedom Process; EFP'처럼 감정을 건강하게 처리하면 더 쾌적하고 높은 등급으로 올라간다.

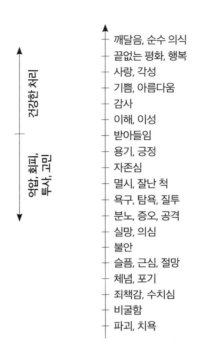

깨달음, 순수 의식
끝없는 평화, 행복
사랑, 각성
기쁨, 아름다움
감사
이해, 이성
받아들임
용기, 긍정
자존심
멸시, 잘난 척
욕구, 탐욕, 질투
분노, 증오, 공격
실망, 의심
불안
슬픔, 근심, 절망
체념, 포기
죄책감, 수치심
비굴함
파괴, 치욕

건강한 처리

억압, 회피, 고민
투사

내 삶을 지배하는 감정

내가 아는 사람 중에 이 감정 등급 이론이 제대로 들어맞는 사례가 있다. 그의 이름을 마르크라고 해보자. 마르크는 매우 무의식적인 사람이며, 하루 대부분을 욕구, 질투, 자존심, 잘난 척의 등급에서 보낸다. 그는 아침마다 12년 된 중형차를 몰고 출근한다. 옆에서 쌩쌩 달리는 비싼 차들을 볼 때마다 결핍감이 밀려들고 욕구와 질투심이 솟구친다. 하필 그런 차가 추월을 하거나 이런저런 '실수'를 저지르면 불끈 화가 치솟는다. 마르크는 이러한 불쾌한 감정을 자기보다 돈이 많은(혹은 많아 보이는) 사람들에게 투사한다.

동기들이 다 승진했는데도 마르크는 늘 제자리다. 자기 딴에는 한다고 하는데 도통 성과가 나질 않는다. 그러다 보니 좌절감이 들 때가 많고, 이제는 자기 능력마저 의심스럽다. 그러나 워낙 자존심이 센 탓에 친한 동기들에게조차 조언을 구하지 못한다. 더구나 괜히 조언을 구했다가 진짜로 자신이 무능하다거나 문제가 있다는 소리를 들으면 어쩌나 불안하기도 하다. 이런 생각이 들면 너무 참기가 힘들고 수치심이 들어서 그는 얼른 자기감정을 외면해버린다. 그리고 아무렇지 않은 척하며 누구든 열심히 도우려 애쓴다. 당연히 얼굴에는 늘 당당한 (거짓) 미소가 감돈다.

몇몇 동료는 그의 도움을 애써 거절한다. 무의식적으로 마르크의 겉과 속이 다름을 느끼다 보니 왠지 모르게 기분이 찜찜하기 때문이다. 마르크라고 동료들의 반응을 모를 리 없으니, 거절의 상황을 마주할 때마다 더욱 좌절의 늪으로 빠져든다. 왜 친구가 없을까? 그렇게나 많은 사람을 도와주었는데 왜 아무도 고마워하지 않을까?

매일 점심시간에 거리에서 구걸하는 노숙자를 볼 때면 그의 입에서는 절로 욕이 튀어나온다. 아무것도 안 하고 빈둥빈둥 놀면서 도와달라니 뻔뻔스럽기 그지없다고 생각한다. 우르르 몰려다니는 동료들을 볼 때면 질투와 슬픔이 뒤섞인 묘한 감정이 솟구친다. 왜 저 틈에 끼지 못할까? 언제나 친절하고 누구든 잘 도와주며 정말 열심히 사는데. 분노가 치민다. 뭐하러 이리 애쓰나? 저들은 특별히 노력하지 않으면서도 잘만 사는데, 승진도 하고 인정도 받으면서…….

분노가 가라앉으면 근심과 실망이 밀려든다. 아무리 생각해도 자신이 잘못 사는 것 같다. 뭔가 잘못하고 있는 게 분명하다. 특히 밤에 자려고 누우면 자괴감과 함께 불안이 스멀스멀 밀려온다. 어떻게 살아야 하지? 계속 자리를 유지할 수 있을까? 직장에서 잘리면 어떻게 하나?

어느덧 불안의 감정이 삶을 지배해버렸다. 그는 이 불안에 맞서 사력을 다해 싸운다. 지금껏 성공을 위해 싸웠는데, 이제 그것도 모자라 불안에까지 맞서야 한다. 늘 그랬듯 정신을 바짝 차리려 애쓴다. 물론 이따금 좀 괜찮을 때도 있다. 한 동료와 가까워져서 가끔 퇴근 후에 만나 술 한잔을 기울이기도 한다. 하지만 그마저 겉핥기식의 대화와 상사 욕이 전부여서, 술에 잔뜩 취해 집으로 걸어가는 길에서도 여전히 쓸쓸하다.

깊어가는 좌절감과 슬픔은 늘 자책으로 이어진다. 열심히 산다고는 하지만, 그걸로는 안 되는 모양이다. 자기 꼴이 영락없는 패잔병 같아 그는 더욱 사람들을 피한다. 모자라는 자신도 부끄럽지만, 스스로의 미흡함 때문에 불안에 떨고 긴장하고 슬퍼하는 현실이 더 부끄럽다.

마르크의 이야기를 읽으면서 어떤 기분이었는가? 꼭 내 심정과 같아 너무나 이해가 되는가? 당신도 이 고단한 인생이 전부남 탓 같은가? 우리는 본능적으로 감정을 상황 탓으로 돌린다. 감정을 건강하게 대하기만 하면 삶이 달라지리라는 데까지 생각이 미치지 못한다.

바로 그런 깨달음의 사례로 나는 우리 마음챙김 아카데미를 찾은 한 여성 수강생을 소개하고 싶다. 그녀는 아래와 같은 이메일을 내게 보냈다.

같은 상황, 다른 감정

어느 날 도착한 편지

제가 선생님의 마음챙김 아카데미를 찾았을 당시 제 인생은 그야말로 파탄이었어요. 그 직전에 남편과 헤어진 데다가 하는 일도 재미가 없었고, 사는 게 다 무의미하게 느껴졌어요. 그나마 산에 가면 기분이 좀 나았지만, 걷는 내내 생각이 꼬리를 물고 이어져서 너무 힘들었지요. 걱정도 많았고 미래가 불투명해서 불안했어요. 남편하고 다시 살고 싶은 마음은 추호도 없었지만, 밤이면 힘들고 외로웠어요(▶슬픔/고독).

인터넷을 돌아다니다 선생님의 유튜브를 만났고 마음챙김 아카데미를 알았죠. 선생님께 배운 대로 감정을 피해 달아나지 않고 그 감정들에 더 많은 자리를 내주었어요. 매일 밤 30분씩 정좌하고 제 마음을 들여다보았어요. 그 안에 무엇이 있는지 살펴보았지요. 솔직히 처음엔 정말 힘들었어요. 울기도 많이 울었고요(▶슬픔). 제 행동에 얼마나 많은 불안이 숨어 있는지도 깨달았어요. 여태 저는 늘 그 불안을 피하려고만 했던 거죠.

전 남편을 향한 원망(▶분노)이 그렇게 큰지도 미처 몰랐어요. 하지만 원망도 시간이 가면서 서서히 줄어들었죠.

제가 선생님께 제일 고마운 점은 사람이에요. 솔직히 처음에는 새로운 사람을 만나기가 겁났어요(▶두려움). 하지만 아카데미에서 만난 이해와 사랑에 진실로 감동했고 진정으로 용기를 얻었어요(▶감격)

요즘은 일도 다시 재미있어졌어요(▶기쁨). 같은 일을 하는데도 훨씬 즐겁고 보람차거든요. 재미없는 일보다 내가 할 수 있는 일에 집중하려고 해요. 그리고 하루하루 나를 더 많이 알아가려 해요(▶깨달음, 낙관주의). 이 모든 것을 가르쳐주신 선생님께 정말 무한히 감사드립니다.

그녀의 편지는 감정 등급이 어떻게 오를 수 있는지를 보여주는 훌륭한 사례이다. 물론 인생은 일직선이 아니다. 오르막이 있으면 내리막도 있다. 오르막은 하나의 과정이요, 자기 삶을 알아차리고 공감하며 살아가는 아름다운 기술이다. 그리고 힘든 감정을 지나는 순간일수록, 고단하고 힘든 순간일수록 비난보다 공감이 필요하다.

다시 한번 말하지만, 삶은 깨달음을 향해 나아가는 직선 도로가 아니다. 우리는 한 등급의 감정에 오래 머무르지 않는다. 하루에도 수시로 상황에 따라 감정이 바뀐다. 그래서 직장에서는 실망에 한숨을 쉬다가도 집에 돌아와서는 아내와 행복한 사랑의 순간을 보낸다. 영역에 따라 아예 출발점이 다르기도 하다. 예를 들어, 은행 볼일보다는 취미생활이 훨씬 더 즐거운 법이다. 한 시간 안에도 감정은 수없이 좋았다가 나빠진다. 이 모두가 지극히 정상이다.

뿐만 아니라 똑같은 상황이어도 어떤 감정이냐에 따라 그 상황을 전혀 다르게 인지한다. 운전하다가 가벼운 접촉사고가 났다고 가정해보자. 똑같은 상황에서 우리는 수치심, 실망, 분노, 공격심, 혹은 용기, 수용, 감사를 느끼며, 어떤 감정을 느끼느냐에 따라 생각도 절로 달라진다.

감정과 생각의 상호작용

- 수치심이 들면 드는 생각: '사람 많은 데서 창피하게……'

- 죄책감이 들면 드는 생각: '난 정말 구제불능이야. 제대로 하는 게 없다니까.'

- 좌절감이 들면 드는 생각: '난 바보야.'

- 실망감이 들면 드는 생각: '어쩐지 아침에 기분이 좋더라니, 그럼 그렇지.'

- 화가 치밀면 드는 생각: '아니, 저 인간은 눈이 멀었어? 도저히 못 참겠네. 한마디 해야지.'

- 탐욕이 생기면 드는 생각: '잘됐네. 이참에 용돈 좀 벌어볼까?'

- 경멸감이 들면 드는 생각: '저 머저리 같은 놈, 면허는 어떻게 땄대?'

- 용기가 생기면 드는 생각: '그래, 뭐 어때? 좋은 일은 아니지만 큰일도 아니잖아.'

- 받아들이면 드는 생각: '어차피 일어난 일이야. 2주만 지나면 수리도 끝날 거고. 보험회사에서 알아서 할 테니 짜증 낼 이유가 없지.'

- 이해심이 생기면 드는 생각: '여기가 시야가 좋지 않아. 저 사람도 어쩔 수 없었겠지.'

- 감사한 마음이 들면 드는 생각: '저쪽 운전자가 이해심이 많

네. 고맙게도.'

- 공감과 사랑을 느끼면 드는 생각: '내가 긴장하면 안 되겠어. 저쪽 운전자가 안 그래도 잔뜩 겁먹은 것 같으니까.'

어떤 등급에 있느냐에 따라 똑같은 상황에서도 각양각색의 생각이 든다. 이런 생각과 감정은 전혀 다른 행동을 낳는다. 결국 그 행동으로 당신은 인생을 꾸려간다. 그러므로 이 질문이 중요하다. 당신 인생이 어떤 감정으로 이루어져야 하겠는가?

감정에 맞서 싸우던 나날들

가장 큰 선물, 다시 말해 가장 큰 성장 잠재력은 아픈 마음에 담겨 있다. 불안, 슬픔, 고독처럼 평소 거부하기 바빴던 감정은 성장과 치유, 진정한 나를 깨닫고 마침내 내면의 자유를 찾는 데까지 우리를 안내한다.

인류의 스승들은 한결같이 말한다. 아픈 마음은 좋은 것이라고. 깊게 숨은 감정이 수면으로 올라올 때 그것을 처리할 수 있고, 나아가 조금씩 그것에서 해방될 수 있기 때문이다. 힘들게 키워서 달콤한 열매를 따듯이.

그래, 나도 안다. 정말로 힘들었을 때 이런 말을 들었더라면 내 반응이 어쨌을지……. 실제로 그랬다. 당시 나는 불안이 그치기만을 바랐다. 내 인생을 지옥으로 만드는 이 정체를 알 수 없는 고통에서 벗어나고만 싶었다. 안 해본 짓이 없었다. 나는 무슨 일이든 척척 잘해내고 싶었다. 아니, 그래야만 했다. 하지만 불안이 나를 가만두지 않았다. 그런데도 고집불통인 나는 오랜 시간 불안과 맞서 싸웠다. 어떻게든 해내려고 발버둥 쳤다. 걸음을 멈추고 불안의 본성과 그 밑에 깔린 감정을 알아보자는 생각은 아예 하지 못했다. 결국, 남은 선택지는 두 가지였다. 포기하든가 아니면 그 불안을 딛고 성장하든가.

감정을 무서워하는 세 가지 이유

감정을 대하는 구체적인 기술을 소개하기 전에 불안에 대해 조금 더 이야기하려 한다. 내가 개발한 '감정해방과정'은 기술이라고 볼 수도 있지만, 그보다는 삶의 방식이다. 자신의 마음에 성큼 다가가 부드럽게 사랑으로 자신을 대하는 방법을 가르친다.

수용과 공감은 자기감정을 마주하고 조금씩 자신의 느낌과 몸을 신뢰하자는 선택에서 시작된다. 우리는 오랜 세월 감정과 싸워왔다. 달아나고 억압하거나 남에게 투사하고 고민에 빠졌다. 그러다 보니 자기도 모르는 사이 자신의 내면세계를 무서워 하게 되었다.

나의 첫 명상 수련은 아직도 기억이 생생하다. 불과 나흘이었지만, 그 짧은 시간을 경험한 후 만나는 모든 이에게, 정말로 모든 이에게 열광하며 수련 이야기를 들려주었다. 돌아온 반응은 실로 가지각색이어서, 살짝 관심을 보이는 사람도 있었지만, 도무지 이해할 수 없다는 반응도 있었다. 나흘 동안 입 다물고 앉아 있는다고 해서 무슨 대단한 변화가 생기겠냐는 주장이었다. 그러나 의외로 불안을 드러내는 사람이 가장 많았다. "나는 못해. 어떤 감정이 솟구칠지 너무 겁나."

우리 수강생들에게서도 나는 그런 식의 불안을 자주 목격한다. 대표적인 세 가지 형태의 불안을 살펴보자.

불안 1 | "한 번 시작하면 그치지 않을 거야."

많은 사람이 내면으로 관심을 돌려 일단 감정에 여지를 주면 판도라의 상자가 열리듯 감정의 뚜껑이 열리고 그 안에서 온갖 불행이 끝없이 튀어나올지도 모른다고 겁을 낸다. 그러나 그들은 우주의 위대한 법칙을 잊었다. 일체무상一切無常, 모든 것은 사라진다.

정서적 감각의 지속 시간은 생각보다 훨씬 짧다. 정확히 말하면 감정의 수명은 90초에서 120초 사이이다. 정말이다! 당신의 감정 두뇌가 화학 칵테일을 혈관으로 쏘아 보내라고 명령을 내리는 순간부터 그 물질이 자연적으로 다시 분해되는 순간까지 걸리는 시간은 약 2분이다. 한 시간도 아니고 하루도 아니고 한 주는 더더욱 아니다.

그런데도 많은 사람이 한 번 시작된 감정은 잘 그치지 않는다고 믿는 이유는, 감정을 대하는 방식이 건강하지 못한 탓이다. 강렬해진 감정이 의식으로 밀려오면 당신은 본능적으로 그동안 배운 건강하지 못한 전략을 집어든다. 감정을 억압하고 회피하고 투사하고 고민하면서 감정을 붙든다. 감정을 계속 살려두면서 먹이까지 제공한다. 그러니 바람과는 정반대의 결과가 나오는 것이다.

감정에 저항하지 않으면 감정은 파도처럼 당신의 몸을 지나고 자연스럽게 떠난다. 신경계는 조절 기능을 회복하고, 감정 두뇌는 예상만큼 심하지 않은 것을 보니 다음에는 이 정도로 격하게 반응할 필요가 없겠다는 교훈을 얻는다.

불안 2 | "감정이 너무 격해져서 견디지 못할 거야."

누구나 살면서 한 번쯤은 격한 감정에 휩싸여보았을 것이다. 심한 불안을 느끼다 못해 공황에 빠진 적이 있을 수도, 깊은 슬픔이나 실존적 고독에서 허우적댄 적도 있을 것이다. 감정이 얼마나 고통스러울 수 있는지, 다들 한 번쯤은 경험한다.

그런데 우리 몸은 몸의 통증과 마음의 고통을 구분하지 못한다. 뇌에서 같은 부위가 활성화되기 때문이다. 고통은 불쾌하다. 당연히 우리 뇌는 어떤 고통이든 피하려고 애쓴다. 이런 진화의 이점이 현대사회에서는 도리어 해가 된다. 앞서 말했듯 우리 조상이 고독이라는 감정을 최대한 피한 것은 최선의 전략이었다. 공동체의 상실은 곧 죽음을 의미했기 때문이다. 그러나 오늘날에는, 감정을 그냥 받아들이기만 한다면 고독도 깊은 내면에서 사랑으로 바뀐다. 모든 감정은 자신과 세상을 더 심도 있게 이해하는 문이 되어준다. 그 문을 지나갈지, 거기서 그치지 않고 더 나아갈지 결정은 당신의 몫이다. 모두 당신에게 달렸다.

정직하게 감정을 경험하고, 그 선물을 받을지 말지는 당신의 선택이다. 그뿐 아니라 감정으로 괴로워할지 말지도 당신의 선택이다. 고통은 앞으로도 늘 있을 것이다. 고통은 생존 보장이라는 중요한 임무를 다하기 위해 만들어진 진화의 산물이다. 그러나 당신이 고통으로 괴로워할지 말지는 전혀 다른 요인에 달렸다. 신젠 영Shinzen Young은 2016년 《깨달음의 과학The Science of Enlightment》에서 멋진 방정식을 선보였다.

괴로움 = 고통 × 저항

괴로워할지 말지는 고통의 강도가 아니라 고통을 밀어내는 저항에 달렸다. 고통에 맞서 싸우거나 온 힘을 다해 억압하려 하면 괴로움이 따른다. 저항을 그치고 고통에 자신을 맡기면 그저 재미난 감각만 남는다.

2019년, 나는 명상 공동체와 함께 수련 중이었다. 대부분의 참가자가 이미 십수 년간 집중 명상 수련을 마친 선승들이었다. 수행 6일째 되던 날 아침 명상을 마치고 차를 마시려다 주전자를 넘어뜨리면서 뜨거운 물이 손에 쏟아졌다. 지난 5일간의 집중 수련으로 많은 것을 놓아버린 마음에는 이미 평온하고 헌신적인 태도가 둥지를 틀었었다. 그랬기에 손등을 타고 내리는 뜨거운 물마저 지고의 명상 경험이었다. 너무도 조용하게, 전혀 서두르지 않고 나는 주전자를 다시 식탁에 올려놓았다. 옆에 계시던 스님이 차분하게 행주를 들고 와 조심스럽게 바닥에 쏟아진 물을 훔쳤다. 왼편의 다른 스님이 부드럽게 내 손을 잡아 수도꼭지에서 흘러내리는 차가운 물에 갖다 대었다. 나를 포함해 그 누구도 감정적으로 반응하지 않았다. 모두가 마음의 평화를 유지했다. 괴로움 대신 감각만 있었다. 이 문장을 쓰는 지금 나는 인정하지 않을 수 없다. 나의 차분한 태도는 분명 선승들과의 깊은 명상 체험이 미친 영향이었다. 괴롭지 않아도 된다는 진리를 몸소 경험하게 해준 그 일은 참으로 흥미로웠고, 앞으로도 그럴 것이다.

불안 3 | "내가 어쩌지 못할 거야."

　명상은 근본적으로 꾸준한 놓아버림이다. 그래서 많은 이들이 통제력을 잃을까 봐 겁을 낸다. 감정을 풀어주면 '사회에서 용인할' 수준을 넘어설지 모른다는 두려움 때문이다. 화가 나고 눈물이 솟구치는 건 지극히 정상이고 내버려두면 그친다. 그런데도 많은 사람이 남 앞에서 그런 감정을 드러내기를 겁낼 뿐 아니라 감정이 통제할 수 없는 수준으로 치달을까 봐 겁을 낸다. 혹은 감정 탓에 능력을 발휘할 수 없을까 봐, 맡은 일을 해내지 못할까 봐 두려워한다. 심지어 감정을 다 끌어내면 정신적인 문제가 생길지도 모른다며 불안해하는 사람도 있다.

　한 마디로 감정을 허용할 경우 통제할 수 없는 무언가가 풀려나서, 그대로 벼랑으로 몰릴까 봐 불안해한다. 이 자리에서 다시 한번 되새기자. 감정은 안전하다! 무의식은 당신이 지금 처리할 수 있을 만큼만 풀어준다. 그러니 시작하자! 조금씩 조금씩, 이런저런 감정이 일어날 때마다 천천히 자신의 몸과 마음을 다시 믿어보자. 자신을 믿어보자. 신뢰가 자라면 삶을 사랑하는 마음도 자라나며, 삶과 자신을 더 깊게 경험하고픈 의욕과 호기심도 자라난다.

감정을 마주하는 세 가지 규칙

감정을 대할 때는 아래의 세 가지 간단한 규칙만 알면 된다. 물론 규칙이라고 해서 수학처럼 달달 외워서 그대로 적용하는 문제풀이 도구가 아니다. 그저 힘든 감정에 대응하는 방식이라고 보면 좋겠다.

첫 번째 규칙 | 도망치지 마라!

용기를 내어 자신의 감정을 똑바로 바라본다. 강렬한 감정이 밀려들면, 특히 슬픔이나 고독, 수치심 같은 감정이 몰려오면 온몸이 본능적으로 도망을 치려고 한다. 그래도 용기를 내어 걸음을 멈춘다. 견뎌보자. 호흡해보자. 처음에는 말 그대로 참고 견디는 상태일 것이다. 하지만 시간이 지나면 익숙해지고, 점차 믿음이 생긴다. 더 이상 감정에 저항하지 않고, 긴장을 풀고 감정 안으로 들어간다. 폭풍 한가운데에서 평화를 찾아보자.

두 번째 규칙 | 관심을 딴 데로 돌리지 마라!

우리는 마음을 외면하기 위해 일이나 물건, 미디어나 친구를 찾는 경향이 있다. 자기감정을 탐구하고픈 타고난 호기심을 미처 다 개발하지 못한 상태에서는 일정 정도의 훈련이 필요하다.

다시 말해 느끼고, 느끼고, 또 느끼라는 말이다. 매일 시간을 정해놓고 자신의 내면세계를 들여다보자. 감정이 솟구칠 때만 그래서는 안 된다. 나는 매일 흔히 말하는 '미니 바디스캔'을 한다. 하루에도 몇 차례씩 1~5분 정도 시간을 내어 나의 몸을 느껴보고 긴장을 풀면서 지금 그곳에 자리한 것에 자리를 내어준다. 자세한 방법은 뒤에서 자세히 나누어보겠다.

세 번째 규칙 | 생각하지 마라!

감정을 만날 때는 일체의 생각을 무시하라. 감정이 떠오르면 우리는 자동으로 이성에게 달려간다. 어차피 의식 전체가 온종일 생각에 골몰하므로, 불쾌한 기분이 들자마자 곧바로 달려가는 장소도 그곳이다.

생각은 감정과 신체감각을 불러오지만 반대로 감정 역시 생각의 기초이다. 기쁠 때는 불안할 때와는 다른 생각을 한다. 슬플 때는 고마울 때와는 다른 생각이 든다. 그러기에 우리는 힘든 순간 '머릿속으로 들어가서' 책임을 전가할 누군가를 찾거나 자책하고, 왜 지금 이런 기분이 드는지 알아보겠다고 골머리를 싸맨다.

명상 지도를 하며
내가 참 많이 하는 말,
생각하지 말고 느껴보자!

하지만 효과는 몇 초도 못 간다. 의식이 생각으로 되돌아갔는지는 눈을 보면 알 수 있다. 나는 다시 일깨운다. "생각하지 말고 느끼세요. 몸으로 들어가세요." 어떻게 하냐고? 이제부터 그 방법을 구체적으로 알아보자. 바로 '감정해방과정', 즉 EFP Emotional Freedom Process 이다.

감정이 마음대로 변할 수 있는 공간을 허락하라

한 번이라도 마음챙김 강의를 들었던 사람이라면 자기감정에서 달아나면 안 된다는 사실을 잘 안다. 적어도 이론적으로는. 실천이 바로 가능했더라면 모두가 이미 행복에 겨웠을 테지만, 이론적 이해는 결정을 내리기 전 입문 과정일 뿐이다. 그곳에서 비로소 길이 시작된다.

길의 입구에서 나와 같은 어려움을 겪는 수많은 사람을 만났기에 나는 그들의 실천을 돕고자 내 나름대로 감정해방과정을 개발하였다. 이 과정은 총 네 단계로 진행된다.

첫 번째 걸음 | 트리거를 찾아낸다

모든 것은 하나의 계기에서 시작한다. 138억 1000만 년 전에 일어난 빅뱅으로 우주가 탄생하였듯 모든 감정의 출발점은 하나의 트리거이다(의학과 심리학에서는 트리거를 어떤 사건을 유발하는 계기로 이해한다). 어떤 생각일 수도 있고 인상이나 신체감각일 수도 있다. 감정은 언제나 의식적 혹은 (대부분) 무의식적 인지에 자극이 발생하면서 시작된다. 앞서 예로 들었던 버스의 남자가 기억나는가? 그의 기분 나쁜 시선이 바로 트리거였다.

보통 우리는 일상을 무의식 상태에서 살기 때문에 트리거를 인식하지 못한다. 명상이나 마음챙김 수련을 계속하면 트리거를 더 또렷하게 알아차린다. 예를 들면, 수치심이 자책에서 유발되었다거나, 버스 안 남자의 기분 나쁜 시선이 불안을 야기했다는 사실을 깨닫는다. 혹은 행복한 남녀의 모습을 보며 외로움을 느꼈다는 사실을 알게 된다. 모든 정서적 경험의 시작에는 트리거가 있다. 트리거가 자극이 되어 감정 두뇌로 다가가고, 의식적 경험인 경우에는 더 나아가 대뇌에까지 도달한다.

의식을 훈련하기 전에는 많은 상황을 무의식적으로 지나친다. 그러다가 감정이 격해지면 그제야 감정을 의식한다. 이럴 때는 곧바로 두 번째 걸음으로 넘어가야 한다. 안 그러면 당장 고민에 빠져들 위험이 크다. 아마 이런 생각을 할 것이다. '아, 감정이네! 트리거가 뭐였지? 남편이었나? 무슨 생각을 했었지? 내 몸인가?' 아직 우리는 맑은 정신을 갖추지 못했기에 트리거를 정밀하게 인지하지 못하고 바로 생각에 빠져든다. 하지만 바로 그 지점이 틀렸다. 앞서 배웠던 세 번째 규칙을 떠올려보자. 생각하지 마라!

그러므로 어떤 감정을 인지하거든 (트리거를 이미 알아차린 경우를 제외하고는) 일단 고민하지 말고, 트리거가 있다는 사실만 염두에 둔 채로 두 번째 걸음으로 넘어가자. 이제 몸으로 들어갈 차례다.

두 번째 걸음 | 몸으로 감정을 느낀다

사람들이 모르는 사실이 있다. 우리는 감정을 몸으로 경험한다. 다들 겪어본 적이 있을 것이다. 마음이 불안하면 목이 꽉 막히고, 슬픔은 눈 주위에서 먼저 느껴진다. 몸은 이성만이 아니다. 몸은 모든 것이다. 발가락 끝에서부터 정수리까지 당신은 몸 전체로 감정을 경험한다.

감정을 진정으로 의식하고 싶다면 생각에 빠지거나 회피하거나 도망치지 말고 몸으로 들어가는 정신 훈련을 해야 한다. 저항 없이 긴장을 풀고서 감정으로 들어가는 것이 목표다. 다시 말해 지금 내면에 있는 감정을 그냥 느낀다.

물론 말처럼 쉽지는 않다. 이유는 두 가지다. 첫째, 당신은 평생 특정한 감정을 느끼지 않으려고 사력을 다했고, 어쩌면 그러느라 신체감각을 잃어버렸을지도 모른다. 둘째, 당신은 자기 감정을 믿지 못한다. 나를 찾는 많은 사람이 이 지점에서 큰 어려움을 겪는다. 아무것도 느끼지 못한다. "지금 어떤 느낌이 드나요?"라고 내가 물으면 오래 고민한다.

나는 이럴 때를 대비해서 특별한 명상법을 개발하였다. 점진적 근육 긴장 해소와 결합한 바디스캔이다. 정확히 위와 같은 경우를 위해 내가 개발한 복합 명상법으로, 의식적으로 근육의 긴장을 풀면서 동시에 신체 의식을 키우도록 도와준다. 이 명상법은 조금씩 몸과 하나가 되고, 느리지만 확실하게 신체 지능과 본능을 되찾도록 돕는다. 동시에 만성 긴장에서 벗어나고 에너지 시스템을 체계적으로 정화하는 데 힘을 보탠다.

많은 마음챙김 아카데미 참가자들이 몇 달 동안 매일 이 명상을 실천한 후 자신을 더 분명하게 인지할 수 있었을뿐더러 다시금 아름다운 감정들을 몸 안에 간직하게 되었다고 고백한다. 다만 나는 이 과정에서 조금 더 자신에게 공감하고 인내심을 발휘하라고 부탁하고 싶다.

당신은 오랜 세월
자기 몸을 홀대하였다.

그러니 자신에게 넉넉한 시간을 선사하여 다시 몸과 하나가 되는 여유를 주어야 한다. 인내심은 자기애를 실천하는 멋진 방법이다.

몸에서 감정을 인지한다

몸에서 감정을 느끼려면 어떻게 해야 할까? 일단 근육의 긴장을 풀고 몸이 감정을 매개로 어떻게 자신과 소통하는지 자세히 느껴보자. 이런 질문이 도움이 된다. 나는 무엇을 느끼나? 어디에서 느끼나?

감정이 어떻게 나타나는가? 몸을 관통하는 에너지파로? 아니면 물리적 현상으로?

무엇이 나타나는가? 가슴에 압박감이 드는가? 머리에 열이 나는가? 다리가 차가운가? 목이 뻣뻣한가? 심장이 두근거리는가? 답답한가? 묵직한가? 간질간질한가? 불안한가? 무감각한가?

주로 어디에서 나타나는가? 흉곽? 다리? 배? 얼굴? 목?

몸이 여러 감정과 어떻게 소통하는지 알아보자. 신체감각은 뉴스 속보와 같아서 당신이 주의를 기울여 들어주기를 바란다. 신체감각을 최대한 직접, 최대한 또렷하게 경험해보자.

세 번째 걸음 | 감정에 시간과 공간을 허락한다

그래도 아직 걸림돌이 남았다. '지금 내가 감정을 느끼는 건 없애버리려는 목적이야. 어쩔 수 없어서 조금 허용하기는 하지만 다 받아주지는 않을 거야.' 여전히 이런 마음이 든다면 아직 불안이 다 가시지 않은 상태다. 감정에 자리를 내어주자고 마음먹었지만, 무의식적으로는 아직 그러고 싶지 않다.

나 역시 인생의 많은 시간을 바로 그 지점에서 보냈다. 받아들여야 치유가 된다는 사실을 이해했지만, 근본적으로는 감정을 멀리 치워버리고 싶었다. 진정한 자유에 도달하려면 그 지점을 넘어서야 한다. 나는 그 과정에 '시간과 공간'이라는 이름을 붙이고 극복의 속도를 높이는 방법을 찾아냈다. 알고 보면 아주 간단하다. 감정이 몸에서 이동하며 널리 퍼져나가도록, 또 원하는 만큼 강렬해지도록 허락하면 된다. 있고 싶은 만큼 머물다가도 좋다고 문을 열어주자. 자신에게 이렇게 말해본다. "감정(지금 느끼는 감정의 이름을 구체적으로 불러도 좋다)! 그래, 좋아. 여기 있어도 괜찮아. 원하는 만큼 강렬해져도 좋고 가고 싶을 때까지 여기 있어도 좋아." 한번 실천에 옮겨서 과연 무슨 일이 일어나는지 관찰해보라.

네 번째 걸음 | 변화를 인지한다

마지막 네 번째 걸음에서는 감정의 연극을 관람하기만 하면 된다. 감정이 어떻게 변하는지 지켜보는 것이다. 중요한 점은, 초점을 변화에 맞춘다.

처음에 이 방법을 시키면 사람들은 염소가 도살장 직원을 쳐다보듯이 감정을 노려본다. 당연히 불필요하게 긴장을 한다. 그저 초점을 변화로 옮겨서 무엇이 사라지고 무엇이 다시 등장하며 무엇이 가고 오는지 호기심 어린 시선으로 관찰해보자. 그 과정이 감정에게 마음대로 변할 수 있는 공간을 허락해줄 것이다.

지금보다 더 자기감정을 긍정하기

이쯤 왔으면 이론으로나마 감정을 허락하는 일이 얼마나 중요한지 이해했을 것이다. 어떻게 해야 감정을 풀어낼 수 있는지도. 여기서부터가 진짜 도전이다. 바로 일상생활에서의 실천이다.

우리 수강생들은 명상을 거듭하다 보니 집에서도 감정을 대하기가 훨씬 수월해졌다고 말한다. 그러나 다들 알다시피 '이 감정은 지금과 어울리지 않는다'고 느끼는 순간들이 있다. 회사에서, 강의를 듣다가, 상사와 면담 중에, 배우자와 싸우다가, 고속도로에서 뒤차에 추월당하고서……. 스트레스를 받을 때 사람이 많은 곳에서 감정대로 해서는 안 된다고 생각되는 바로 그 순간에 괴로운 감정은 불쑥 솟구친다.

특히 사람이 많은 곳에서는 감정을 마주하기가 쉽지 않다. 초점이 안이 아니라 바깥에 있기 때문이다. 게다가 우리 마음 깊은 곳에는 사회적으로 용인되는 감정의 이미지가 뿌리 박혀 있다. 그래서 어떤 감정은 표현하기는 물론이거니와 정직하게 대하는 일조차 무척 힘이 든다.

이 자리에서 내가 할 수 있는 조언은 이것뿐이다. 용기를 내라! 자기감정을 더 자주 표현하고 감정에 호응할 용기를 내자. 물론 상사 앞에서 엉엉 울거나 사소한 문제가 생길 때마다 20분씩 명상하라는 말은 아니다. 아주 작은 것부터 시작해서 조금씩 자기감정에 당당하고, 가능하다면 표현도 해보자. 누군가 당신에게 묻는다. "잘 지내?" 평소처럼 반사적으로 "그럼, 잘 지내지, 넌 어때?"라고 대답하지 말고 1초만 자신을 느낀 후 솔직하게 말해보자. 당신에게도 그편이 좋고 무엇보다 상대에게도 도움이 된다.

자기감정에 진실된 사람이 더 많아져야 한다. 삶이란 느낌이다. 이 느낌을 다시 실천할 때 모두가 더욱 행복해진다. 이런 지속적인 발전이야말로 내가 할 수 있을 때마다, 힘든 감정을 느낄 때마다 그 감정을 솔직하고 투명하게 드러내 소통하는 이유이다. 사랑을 느끼면 나는 사랑을 표현한다. 불안을 느끼면 불안을 나눈다. 그래야만 공감이 넘쳐나는 공동체가 만들어지리라 믿기에. 당신이 자기감정을 숨기는데 어떻게 다른 사람이 공감하겠는가?

묻어둔 마음의 상처를 치유하는 법

살면서 경험한 모든 감정과 각인이 똑같은 결과를 낳지는 않는다. 대부분은 금방 잊혀 무의식에 거의 뿌리를 내리지 못하지만, 어떤 상처는 아주 깊은 자국을 남긴다. 우리 모두에겐 크고 작은 트라우마가 있다. 그렇다고 모두가 어린 시절에 큰 상처를 입었다거나 매를 맞고 학대를 당했다는 말이 아니다. 정작 보호자는 아무렇지도 않게 한 말과 행동이 뜻밖에 큰 생채기를 남기기도 한다. 여기서 마음의 상처란 한 번의 허용이나 느낌으로는 바꿀 수 없는 생각이나 행동 패턴을 말한다. 그것이 각자의 무의식에 깊게 닻을 내리고 있다. 나는 그 상처를 다섯 가지 범주로 나눈다.

원치 않았으나 가졌던 것 | 크고 작은 수많은 과거의 상처들이다. 폭력, 질병, 충격적인 경험, 왕따, 학대, 보호자의 죽음과 상실, 이별, 걱정, 이사, 전학, 과도한 책임, 과도한 기대와 강요가 여기에 해당한다.

마땅히 가져야 했으나 갖지 못한 것 | 사랑, 인정, 관심 등 기본 욕구의 충족이 이에 해당한다. 부모가 없었거나 건강한 성장 여건이 마련되지 못했고, 먹을 것, 보호, 안전, 루틴, 보살핌, (물

질적) 안정이 부족했으며, 구속이 심했거나 적정한 수준의 통제가 없었다. 모두가 나를 원한다는 기분, 여기가 내 자리라는 기분을 느껴보지 못했다.

한 번도 없었던 것 | '마땅히 가져야 했던 것'이 다 여기에 해당한다. 또 부모나 형제의 부재, 건강 문제로 인한 결핍 등도 여기에 포함된다.

지금 없는 것 | 현재까지 영향이 지속되는 과거의 부정적 경험이 해당한다. 가령 과거의 상처는 파트너와의 건강한 관계를 어렵게 한다. 또 자기애, 금전, 일, 신뢰, 인간관계, 걱정 없는 홀가분한 마음, 자기통제력(중독의 위험), 기쁨, 자책 없이 잘못을 인정하는 능력, 마음챙김, 자기감정에도 악영향을 미친다.

영원히 없을 것 | 고아는 영원히 친부모를 만날 수 없을 것이다. 잃어버린 부모, 아예 없었던 형제자매, 죽음으로 인한 이별, 신체적·정신적 장애로 인한 결핍, 어린 시절의 순수함이 여기에 해당하며, 이것들이 애당초 없던 경우도 많다.

다섯 범주 모두에서 치유의 열쇠는 지금 삶에서 나타나는 정서적 영향에 건강하게 대처하는 것이다. 그런데 사람에 따라 치유 과정이 크게 차이가 난다. 더구나 피해의식이나 저항에 빠지는 사람이 참 많다. "왜 나한테 그런 일이 일어났을까?" "나는 싫어", "왜 하필 나야?" 같은 '왜'에 답이 없다는 사실을 속으로는 잘 알면서 아등바등 설명을 찾는다.

자책이나 비난으로는 절대 치유가 찾아오지 않는다. 때로는 받아들이기가 무척 힘들지만 치유는 인정으로, 즉 인생의 이런 저런 상황을 자신의 업으로, 자신의 짐으로 받아들이려는 마음가짐에서 시작된다.

그런데 이렇게 받아들이기 시작하면 슬픔이 밀려온다. 처음에는 불안, 분노, 화, 수치심, 절망감 같은 더 강렬한 감정에 뒤덮이지만, 긴장을 풀고 이 격한 감정 안으로 들어가서 저항하지 않고 몸의 에너지를 놓아주면 실제로 대부분의 사람이 슬픔에 도달한다. 물론 슬픔을 느끼지 않으려고 그 위를 덮은 감정에 악착같이 머무는 사람도 있다. 분노와 화는 힘이 세다는 느낌이 드는 반면 슬픔이라고 하면 곧바로 무기력을 떠올리기 때문에, 슬픔보다는 강렬한 감정을 선호한다.

그러나 구원의 열쇠는 바로 그 슬픔에 담겨 있다. 거기서 한 발짝만 떼면 곧바로 동전의 뒷면인 사랑에 도달한다. 사랑했던 것에게만 슬픔을 느낄 수 있다. 인생에서 중요한 사람이 죽었을 때 당신은 슬픔을 느낀다. 이 슬픔은 오직 당신이 그 사람을 어떤 방식이건 사랑했을 때에만 생긴다.

그러므로 항상 명심하라.

슬픔을 느끼는 순간 당신 마음에는

사랑이 있다. 사랑이 없으면 슬픔도 없다.

사랑하기에 슬프다.

치유는 자기 안에 담긴 사랑의 문을 발견할 때 시작된다. 사랑은 굳이 훈련하거나 키울 필요가 없다. 언제나 당신 안에 있기 때문이다. 안타깝게도 우리는 슬픔만 볼 뿐 그 안에 숨은 사랑을 알아차리지 못한다. 표면의 감정들, 오래 스스로 되새겨온 이야기들, 책임 전가에 빠져 길을 잃으면 출구를 찾지 못하고 사로잡히고 만다. 치유는 사랑을 의식할 때 시작된다.

세상 모든 심리학자나 명상센터를 찾아다닐 수도 있겠지만, 사랑에 닿겠다는 마음이 없다면 모든 일은 그저 거죽에 바르는 화장품일 뿐이다. 잠시 상처를 덮을 수는 있겠지만 당신 안에 숨은 사랑에 닿지 못한다면 진정한 치유는 불가능하다.

이 마지막 단락을 읽으며 '당신 안에 숨은 사랑'이 무슨 뜻인지 궁금했다면, 그 사랑은 로맨스 영화에 나오는 낭만적 사랑이 아니다. 이 사랑은 조건 없고 모든 것을 받아들인다. 분별하지 않는다. 우는 아기를 품에 안는 부모와 같다. 이 사랑은 언제나 그곳에 있어서 우리가 슬픔에서 사랑을 깨닫는 순간 얼굴을 드러낸다. 당신은 언제든 이 사랑을 택하자고 마음먹을 수 있다.

당신 안에 담긴 사랑에 닿는 방법은 아주 간단하다. 매 순간 자신을 있는 그대로 받아들이겠다고 마음먹으면 된다. 모든 순간을 분별없이 삶의 고유한 장면으로 바라보겠다는 의지를 다지는 것이다. 일체의 투사를 버릴 때에만 가능한 일이다. 의무를 버릴 때, 이 순간이 어때야 한다는 선입견을 버릴 때, 유일한 순간은 머문다.

내게도 이런 깨달음이 찾아온 날이 있었다. 결코 내 인생의 가장 화려한 날이 아니었다. 나는 온몸의 세포에서 해묵은 독과 부정적 감정을 씻어내고자 아유르베다(5000년 전부터 시작된 인도의 고대 전통의학 중 하나 – 옮긴이) 강좌를 찾았다. 그전에도 그랬듯 나는 그곳에서도 한밤중에 침대에 정좌하고서 강렬한 감정의 파도를 견뎌냈다. 하나의 감정이 가면 곧바로 다른 감정이 밀려왔다. 나는 (또다시) 이 모든 감정을 씻어내고 편안해지고자 그곳을 찾았다. 결코 과거의 감정을 거듭 경험하러 간 것이 아니었다. 그러나 나는 이미 알고 있었다. 해방의 열쇠는 긍정하는 느낌이라는 것을.

진정한 해방은 결국 해방되어야 할 것이 아무것도 없다는 깨달음에서 왔다. 진정으로 감정의 폭우를 맞으며 서 있으면, 일체의 저항을 멈추고 순수하게, 흥미롭게 순간을 지긋이 바라보면 고유한 현재만이 남는다. 진동하는 삶 자체, 그것만이 남는다.

모든 순간은 유일하고,

온전히 순수하며,

항상 당신의 경험이 될 채비를 하고 있다.

더 자세히 바라보면, 이 열린 평화로운 존재 상태가 바로 사랑이다. 분별하지 않는 사랑이다. 바꾸려 하지 않고 모든 것을 조건 없이 받아들이는 마음, 이 사랑이 우리를 집으로 데려다준다. 당신은 아무것도 할 필요가 없다. 그저 모든 것을 평화롭게 두면 된다.

사랑에 관한 이 구절이 낯설더라도 생각하지 마라. 이 느낌과 그곳으로 가는 길은 말로 표현하기 힘들다. 당신이 경험으로 알 일이다.

뉴에이지 운동에선 더 높은 감정의 개발을 자주 들먹인다. 감정을 수용하기보다 높은 등급의 감정을 의식적으로 삶에 불러오려 노력해야 한다고 말이다. 감사를 실천하고 삶의 좋은 점에 초점을 맞추자는 데에는 나도 찬성한다. 그러나 나는 애써 찾아나설 필요 없이, 행복이 애당초 우리 본성에 있다고 확신한다. 더 정확히 말하면 우리의 본성은 행복과 사랑이다. 세월이 흐르는 동안 이런저런 것들이 그 본성을 덮어 가렸을 뿐이다.

따라서 우리가 할 일은 더 높은 무언가를 향한 동경이 아니다. 순간순간 놓아버림을 실천하는 것이다. 관념을 놓아버리고, 집착과 거부, 투쟁을 놓아버린다. 수치심, 죄책감, 절망을 놓아버리고, 슬픔과 불안, 실망을 놓아버린다. 의심과 분노, 탐욕과 시기심, 자존심을 놓아버린다. 놓아버림을 훈련하면 자동으로 바라던 것이 온다.

놓아버림, 그것이 명상이다.

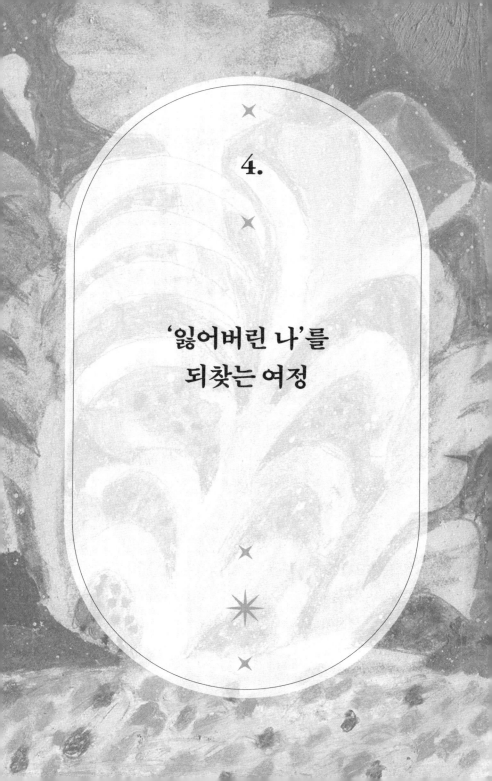

4.

'잃어버린 나'를
되찾는 여정

당신이 누구인지 아는 것이
왜 그리 중요할까?

이 장을 쓰자고 마음먹은 때는 우리 아들이 태어난 지 막 한 달 되었을 때다. 6월의 화창한 일요일 아침이었다. 나는 집에서 멀지 않은 숲으로 아이를 데리고 산책을 나섰다. 지금 막 그림책에서 튀어나온 듯한 풍경이었다. 바람은 상쾌했지만, 햇살은 이미 뜨거워 겉옷이 필요 없었다. 새는 지저귀고 잎사귀에 매달린 이슬이 조금씩 녹았다.

　나는 아들을 아기띠에 매달아 안았다. 아이는 내 가슴에 기대어 새근새근 잠을 잤다. 잠시 후 한 남자가 강아지를 데리고 나타났다. 멀리서 보아도 몹시 초조한 듯 허둥거렸다. 입에 담배를 물었고, 강아지를 산책시키려고 하는 수 없이 나온 것 같았다. 강아지가 걸음을 멈추고 킁킁 냄새라도 맡을라치면 바로 줄을 당기며 투덜거렸다.

그 순간 의문이 들었다. '어찌 된 일일까?' 아마 40년 전쯤만 해도 그 남자는 우리 아들 같았을 것이다. 천진한 표정으로 의욕에 불타 세상을 탐구했을 텐데. 그 의욕과 사랑, 세상을 아름답게 바라보던 천진한 눈동자는 어디로 갔을까? 의무와 책임이 가득한 우리네 환경을 생각하면 그 모든 기쁨과 환희를 잃어버리는 것도 어쩌면 당연하게 보인다. 바쁘게 걸으면서 빛나는 태양을 올려다볼 생각조차 못 하는 그가 당연할지도 모른다.

우리는 모두 한때, 매 순간에 충실한 어린아이였다

옛 스승들은 이런 의문에 명쾌한 대답을 던졌다. 그렇지 않다고. 현실의 본성을 똑바로 바라보았던 모든 이가 말했다. 눈에 보이는 것보다 더 많은 것이 있다고, 우리는 기쁨과 사랑의 진정한 본성을 알 수 있다고. 그저 우리가 누구인지 알아차리고 그대로 살기만 하면 된다. 굳이 무언가를 믿어야 할 필요도 없다. 직접적인 경험이 중요하다. 믿음은 오히려 걸림돌만 된다.

그렇다면 어디서 시작해야 할까? 이 질문에도 옛 스승들은 명쾌한 대답을 주셨다. 예수는 말씀하셨다. "이르시되 진실로 너희에게 이르노니 너희가 돌이켜 어린아이들과 같이 되지 아니하면 결단코 천국에 들어가지 못하리라(마태복음 18장 3절)." 힌두교에서는 말한다. "어린아이 마음이 깨인 마음이다." 불교에서는 초심을 역설한다. 이 모든 가르침은 우리가 이미 무엇인지, 어린 시절 무엇으로 살았던지를 말한다. 그 기쁨을 되찾겠다고 꼭 아이처럼 행동할 필요는 없다. 다시 매 순간을 온전히 새롭게, 온전히 선명하게, 순수하게 바라보는 훈련을 열심히 하면 된다.

명상은 이렇듯 선명하게, 항상 새롭게 보고 듣고 냄새 맡고 느끼고 맛보는 능력을 삶에 다시 불러와 줄 것이다. 명상은 해묵은 패턴에 휩쓸리지 않고 만물을 직접 인식한다. 조금씩 과거의 각인과 상처, 사고 습관과 해로운 감정들에서 해방된다. 묵은 때를 벗기고 자유를 되찾는 이야기를 하다 보니 태국의 불상 이야기가 떠오른다.

태국의 진흙 불상

태국 어딘가의 절에 큰 진흙 불상이 있었다. 군데군데 색유리 파편이 박힌 그 불상은 수백 년 동안 봐주는 이 하나 없이 묵묵히 제 자리를 지켰다. 1954년에 법당을 새로 지으면서 불상을 새 법당으로 옮기기로 했는데, 옮기는 와중에 밧줄이 하나 뚝 끊어지면서 무거운 불상이 그만 바닥에 쾅 떨어졌다.

그런데 충격으로 진흙이 떨어진 자리에서 금빛 찬란한 무언가가 보였다. 일꾼들은 당장 작업을 멈추고 진흙을 조심스레 벗겨냈다. 두꺼운 진흙 밑에는 5,500킬로그램 무게의 순금불상이 숨어 있었다. 불상을 연구한 학자들은 이 불상이 13세기나 14세기 수크호타이 왕조 시대에 만들어졌고 1767년 미얀마 침공 때 약탈을 방지하기 위해 진흙으로 덮였을 것이라 추측했다. 그 후 서서히 사람들의 관심에서 멀어졌고, 누구도 그 안에 순금이 들었는지 알지 못하게 된 것이다.

이 이야기는 우리 모두에게 무한히 값진 본성이 숨어 있음을 멋지게 비유한다. 우리의 본성은 황금불상보다 훨씬 더 값지지만, 우리는 그 사실을 망각하였다. 딱딱한 껍질이 부서지고 본성이 드러나려면 충돌이, 끊어진 밧줄이, 그러니까 얼핏 불행으로 보이는 사건이 필요하다. 그러나 무한히 값진 본성을 깨닫기 시작하면서 '진짜'가 드러난다. 우리는 조금씩 우리 것이 아닌 껍데기를 벗겨내고 본성을 *끄집어낸다*. 진정한 인격발달인 셈이다. 내 것이 아니었던 것은 버리고 진정한 나만 남긴다.

거의 모든 명상 수행이 이 과정을 따른다. 힌두교, 특히 아드바이타 베단타 학파(인도 정통 철학파인 베단타 학파에 속하는 불이일원론不二一元論 학파 – 옮긴이)에서는 이 과정을 '네티네티'라 부른다. 네티네티는 "이것도 아니고 저것도 아니다"라는 뜻으로, 자신의 본성을 찾는 명상 과정을 말한다. 본성은 눈에 보이지 않는다. 진정한 본성이 드러날 때까지 낡은 껍질을, 차곡차곡 쌓인 정체성을 조금씩 벗겨내야 한다. 지금껏 무엇과 자신을 동일시했는지, 그 동일시가 어떤 결과를 낳았는지 지켜보면서 이제부터 네티네티의 과정을 시작해보자.

다수가 말한다고 해서
진실은 아니다

영적 자기인식은 새롭지 않다. 인류 역사를 돌이켜보면 직접적인 영적 경험을 추구한 개인이나 집단은 꾸준히 있었고, 심지어 한 문화 전체가 그러기도 했다. 수많은 옛 선인들이 자기인식의 중요성을 알리려 애썼다. 아폴로 신을 모시는 그리스 델피 신전 문에도 "너 자신을 알라"는 문구가 새겨져 있다.

위대한 고대 그리스 철학자 플라톤은 자기인식의 중요성을 유명한 동굴 비유로 설명하였다. 사람들은 컴컴한 동굴에서 벽을 바라보며 앉아 있다. 저 멀리 뒤편에 입구가 있건만, 족쇄에 묶여 평생 입구의 불이 비추는 그림자만 보며 살았기에 그것만이 현실이라고 믿는다. 양옆에 앉은 사람들도 다 그렇다고 말한다. 하지만 족쇄를 끊고 밖으로 나가는 길을 찾아야만 진짜 인생을 깨닫고, 더 나아가 족쇄를 찬 현실에 저항할 수 있다.

당신도 똑같이 당신만의 바위벽을 보고 앉아서 진짜를 그림자와, 투사와 혼동한다. 세상을 바라보면서도 모든 것이 투사며 그림자에 불과하다는 사실을 깨닫지 못한다. 행복, 사랑, 기쁨이 저 바깥 어딘가에 있다고 믿는다.

사랑, 기쁨, 삶 자체가 당신 안에 있다는 사실을 조금씩 깨닫는다면 모든 것이 달라진다. 사랑과 기쁨은 언제나 당신 안에 있었지만, 당신은 그것을 그림자처럼 바깥의 영사막에 투사하였다. 배우자에게, 자식에게, 돈에……. 그러나 바깥에서 보았던 모든 것은 그림자에 불과하다.

이 진리는 무한히 깊고 복잡하지만, 이해하기 쉽게 비유해보겠다. 누군가 당신에게 이렇게 말한다. "축하합니다. 로또 1등에 당첨되셨어요!" 무슨 일이 일어날까? 아마 당신은 기뻐서 펄쩍 뛸 것이다. 자신의 행운을 믿을 수 없고 거금이 통장에 찍힌다는 기대에 온종일 웃음이 떠나지 않는다. '로또에 당첨되다니 너무 기분이 좋아'라고 생각할 테지만, 실상 그렇지 않다. 그저 소중하다고 생각한 것(돈)을 기쁨과 연결하였을 뿐이다. 실상 기쁨을 불러온 장본인은 당신이다. 당신이 기쁨의 원천이다.

배우자도 마찬가지다. '저런 사람한테 사랑받으면 얼마나 행복할까?' 그 사람이 당신을 사랑한다면 다음에는 이렇게 생각한다. '저 사람이 날 사랑해주니 너무 행복해.' 그러나 행복의 원천은 그가 아니라 당신이다. 경험과 그리움의 원천은 늘 당신이었고 지금도 당신이다.

플라톤이 가르치고자 했던 또 하나의 문제는 '스승'이다. 족쇄를 풀고 바깥으로 나간 동굴 인간은 무엇을 할까? 일단 바깥세상에 익숙해져야 할 테지만, 금세 다른 동굴 인간들에게 해방의 기쁨과 바깥세상의 아름다움을 알려주려 애쓸 것이다. 하지만 다른 이들은 못 믿겠다는 듯 고개를 젓고 벽에 비친 그림자를 가리키면서 그것만이 현실이라고 우긴다. "그림자는 늘 있었고 앞으로도 그럴 것이야. 우리 아버지도 그림자를 보았고 우리 어머니도 보았어. 모두가 다 보고 있고, 그러니 그림자밖에 없어. 그게 진리야!"

현대사회의 언어로 옮겨보면 이럴 것이다. "우리 모두가 다 그러니까 너도 열심히 일해서 성공해야지. 결혼하고 애도 낳고 행복한 가정을 꾸려야지. 눈앞에 증거가 있잖아. 봐, 저기 그림자를 보라니까."

나를 인식하고, 의식하다

그런데도 당신이 지금 이 책을 읽는 이유는 해방을 바라기 때문이다. 명상이 당신을 도와줄 것이다. 지구에 사는 대부분의 동식물과 당신은 무엇이 다를까? 당신은 자기 자신을 의식할 수 있다. 하긴 어찌 보면 크게 부러워할 능력은 아니다. 동물은 미래나 과거의 관념이 없으므로 항상 온전히 현재에 산다. 강아지는 편견 없이 세상을 만나기에 만물이 흥미롭고 재미있다. 직접 경험을 할 뿐, 그에 대한 의식이 없다.

진정한 인간됨은 자신을 의식한다는 뜻이다. 저 바깥세상뿐 아니라 자신을 들여다보는 능력이 있다는 뜻이다. 인간은 자신의 행동과 생각, 감정을 인지할뿐더러 그것들을 의식하기도 한다. 그리고 마지막에 가서는 자기 자신을 의식한다. 지금 여기서 보고 듣고 냄새 맡는 자가 누구인지를 의식하는 것이다. 지금 이 순간, 이 책을 읽는 자는 누구인가?

자신의 강점과 약점, 가치와 목표를 찾아내자는 말이 아니다. 자신에 대한 새로운 신념을 키우자는 것도 아니다. 신을 믿자는 말도, 뉴에이지 운동에서 말하듯 우주를 믿자는 말도 아니다. 새로운 신앙을 갖는다 한들 진정한 본성에 다가가지 못한다. 자신을 의식하는 일은 신앙 너머에서 일어난다. 다음 장부터는 지금껏 내가 나를 무엇이라고 착각해왔는지, 태국의 진흙 불상처럼 나를 뒤덮고 있던 것은 무엇인지 돌아보면서 진정한 나를 탐구해보려 한다.

내가 누구인지
잘 모르겠는 이유

세상은 혼란스럽고 계속해서 변한다. 그걸 부인할 사람은 없다. 그렇다면 우리 자신은 어떨까? 우리는 고정된 상수常數인가? 거의 변치 않는 '나'가 존재하는가? 서둘러 대답하기 전에 가만히 느껴보자. 당신은 실상 자신을 어떻게 인지하는가?

수십 년 전만 해도 전문가들조차 서른 살 무렵이면 인간의 주요 본성이 '완성'된다고 주장했다. 하지만 가만히 생각해보면 우리는 자연의 모든 것이 그러하듯 사는 동안 쉬지 않고 변한다. '완성' 같은 것은 없다.

그런데도 대부분이 자신을 역동적인 세상에 사는 정적인 존재로 생각하는 이유는 무엇일까? 두뇌의 가히 천재적인 속임수 때문이다. 아마 인간은 유일하게 이런 속임수를 쓰는 종일 텐데, 그런 속임수를 쓰자면 쉬지 않고 경험을 저장하고 기억을 분류해 두어야 한다.

경험으로 가는 첫 번째 걸음 : 나라고 할 만한 것이 없다

"나는 누구인가?"

당신이 이렇게 물으면 당신의 정신은 본능적으로 기록실을 들여다본다. 과거에 어떤 행동과 경험을 했는지, 무엇을 잘하고 잘 못했는지를 들춘다. 그런 다음 과거의 경험과 행동이 '나'라고 주장한다. 그러니까 정신은 내가 누구인지를 정의할 때 자동으로 과거의 기억을 끄집어내서 '나'라고 생각해버리는 것이다. 그런데 과거는 변할 수 없는 영원한 과거이기에, 우리는 자신을 미친(그리고 쉬지 않고 더 미쳐가는) 세상을 살아가는 정적인 존재로 인식한다.

바로 그 이유로 우리는 계속해서 과거를 되풀이한다. 기억에 코를 박고서 과거의 행동을 미래로 투사한다. 그 결과 늘 같거나 아주 비슷한 경험만 하게 되고, 또다시 '나는 이런 사람'이라는 신념을 재확인한다.

이렇듯 우리는 과거 경험의 투사에 불과한 고정된 '나'를 짊어지고 세상을 살아간다. 그러면서도 스트레스를 받거나 삶이 버거울 때마다 이유를 몰라 괴로워한다. 그게 너무나 당연한 데도 말이다. 세상은 쉬지 않고 변한다. 그런데 정작 우리는 고정된 자아상을 끌어안고서 망상을 유지하기 위해 인생의 강물을 거스르려 아등바등한다. 강물의 물살에도 같은 자리에 서 있으려고 아무 나뭇가지나 붙들고서 떠내려가지 않으려 발버둥친다.

물론 같은 자리에 있으면 안정감이 든다. 늘 그곳에서 헤엄치며 살았으니 익숙하다. 그러나 그것은 인생의 강물을 거스르려는 투쟁이다. 어느 날 물살이 너무 거세면 결국 휩쓸려 자신을 잃는다. 번아웃이 오거나 너무 버겁다는 기분이 드는 시기가 있지 않았는가?

변할 수 있고 항상 변하는 자신의 본성을 인정하면 강물과 함께 떠내려갈 수 있다. 날씨가 좋을 때는 기분 좋게 물살을 즐기고, 폭풍이 휘몰아치면 정신을 바짝 차리고서 유연하게 위험을 피해간다.

안타깝게도 우리는 습관적으로 뒤를 돌아본다. 정신분석으로 영혼의 비밀을 풀려 했던 지그문트 프로이트처럼 우리는 과거를 노려보며 자신을 파악하려 한다. 하지만 과거에서 발견하는 것은 살아 있지 않다. 죽은 기억일 뿐이다. 그것은 당신이 아니다. 불과 몇 분만 흘러도 당신은 이전과 다른 사람이다. 그사이 새로운 신경 연결이 생겨났다. 지난 몇 분 동안 당신 몸에서는 수백만 개의 세포가 죽고 수백만 개의 세포가 새로 생겼다. 지금 당신 몸에 있는 거의 모든 세포는 2~10년만 지나면 완벽히 교체된다. 당신은 2년 전의 그 사람이 아닌 것이다.

자연이 그러하듯 우리는 변한다.
매일, 매분, 매초마다
원하건 원치 않건.
고정된 '나'라는 실체는 허상이며,
정신의 속임수에 불과하다.

변화하는 나를 받아들이는 용기

인생을 온전히 이해하려면 역동적인 정신, 역동적인 '나'를 인정하고 탐구해야 한다. 그러나 이 탐구 여정이 이해의 지적 놀이가 되어서는 안 된다. 풀다 보면 언젠가 이해되는 수학 방정식이 아니다. 인생을 진실로 이해하려면 직접 몸으로 겪어야 한다. 어떤 상황에서도 깨어 있어야 하며 호기심이 넘쳐야 한다. 영장류 학자가 원숭이와 함께 살아야 그들의 행동을 파악할 수 있듯, 우리도 지금 이 순간 마음을 살피고 자신을 알아차려야 한다.

'나라면 평생 함께한 내가 제일 잘 알지.' 당신은 이렇게 생각할지 모르겠다. 정말 그럴까? 자신을 진실로 탐구한 적이 있는가? 과거가 아니라 지금의 자신을? 자동으로 반응하지 않고 정직하게 자기감정을 쫓아본 적이 있는가? 슬픔과 불안을 솔직하게 따른 적이 있는가? 고요한 마음으로, 분별하거나 판단하지 않고 그 순간의 자신을 인지한 적이 있는가? 지금 그 감정을 인지하는 자가 누구인지 물었던 적이 있는가?

분별하고 단죄하면 그동안 살면서 배운 생각을 되풀이할 뿐이다. 분별없이, 찬성도 반대도 하지 않고 이 순간을 발견하는 정신을 키워야 한다.

내가 만나는 너는,
네가 만나는 나는 누구인가?

작은 실험을 해보자. 아무나 한 사람 떠올려보자. 친구도 좋고 배우자도 좋고 어머니나 아버지도 좋다.

그 사람을 생각하면 특정 이미지가 떠오를 것이다. 그가 어떤 사람인지 나름의 이미지가 있을 것이고, 반대로 그의 머리에는 당신이 어떤 사람인지 나름의 이미지가 있을 것이다.

이제 가만히 생각해보자. 당신이 그 사람을 만난다면 누가 누구를 만나는 걸까? 가만히 생각해보면 사실은 두 사람이 아니라 두 개의 이미지가 만난다. 당신은 이미지와 기대의 렌즈를

끼고 그를 바라본다. 상대방 역시 마찬가지이다.

어떻게 하면 서로가 서로를 새롭게 발견할 수 있을까?

나는 옛 친구를 만날 때마다 호기심에 불탄다. 그동안 내가 워낙 큰 변화를 겪었기에 대부분의 친구는 나를 어떻게 대해야 할지 몰라 당황한다. 그들의 머리에는 여전히 나의 옛 이미지가 박혀 있어서 나를 새롭게 알기보다는 예전의 이미지를 되찾으려 애쓴다. 나 역시 내 안에서 그런 패턴을 자주 발견하기에, 예전에 잘 알던 사람을 오랜만에 만날 때는 늘 새롭게, 신중하게 다시 알아가자는 각오를 다진다. 지금 이 사람이 누구인지를 탐구하는 것이다.

뇌는 자동으로 우리 관념에 맞는 측면을 인지하려 한다. 따라서 지금 상대가 어떠한지를 잘 보지 못한다. 친한 사이일수록 편향은 더 두드러진다. 배우자, 부모, 자식은 있는 그대로 보기가 무척 힘들다.

여기서 재미난 질문 하나. 당신은 어떤 사람이랑 가장 친했나? 첫 순간부터 마지막 순간까지 동행한 사람은 누구인가? 맞다. 당신 자신이다. 그러니 당연하게도 자신에 대한 관념과 이미지가 가장 강력하다.

우리는 세상과 자신에 관한 수백만 가지 생각과 의견을 품고 산다. 과거의 관념을 버리고 자신과 세상을 새로이 알아가자는 결심은 어쩌면 가장 어렵지만, 동시에 가장 얻을 것이 많다. 이렇듯 늘 새롭게 경험하는 정신이 바로 깨인 정신이다.

'참 나'를 깨달으려면 해묵은 패턴을 부수어야 한다. 그러자면 호기심 많은 맑고 청명한 정신이 필요하다. 반짝이는 눈으로 세상을 탐구하는 아이처럼 자신을 바라볼 수 있어야 한다.

경험으로 가는 두 번째 걸음 : 당신은 당신이 누구라고 생각하는가?

미국 배우 짐 캐리^{Jim Carrey}는 한 인터뷰에서 세포 하나하나까지 맡은 배역으로 꽉 찰 만큼 배역에 몰입했던 경험을 털어놓았다. 그 배역처럼 생각하고 판단하고 느끼다 보니 자신을 잃어버릴 때도 많았다고 한다. 그러다 보니 이런 의문에 도달한다. "사람이 변할 정도로, 내가 누구인지 잊을 정도로 배역에 몰입할 수 있다면 실제로 나는 누구인가?"

배우가 아니더라도 짐 캐리의 경험을 공유할 수 있다. 사실 우리 모두 하루에도 몇 번씩 역할을 바꾼다. 자동차 회사에서 엔지니어로 일할 당시 나는 사람들이 회사 현관문 앞에서 가면을 뒤집어쓰는 것 같다고 느꼈다. 개인적인 내가 있었고 일할 때의 내가 있었다. 회사 문을 나서면 가면을 바꾸거나 벗어버렸으므로, 버스에서 회사 동료를 만나면 회사에서보다 훨씬 솔직한 대화를 나누었다. 집에 도착해 배우자와 아이들을 만나면 또 다른 가면을 쓴다. 퇴근 후 친구들을 만날 때도 또 다른 가면을 쓴다. 누구랑 같이 있느냐에 따라 행동도 다르다.

이 많은 역할 뒤에 한 사람이 있는 걸까? 그렇다면 그 사람은 실제로 누구이고 어떤 사람일까? 당신은 실상 누구란 말인가?

나를 모르기에
타인의 생각대로 살아온 나날들

누구에게나 자신의 이미지가 있다. 될 수는 없더라도, 자신이 어떤 사람일 수 있을지에 대한 희미한 관념이다. 이런 자아상은 각인과 가치관, 살아오면서 형성된 장단점 등 여러 요인에 좌우된다. 하지만 대부분은 자기 관찰과 자기 판단이 아니라 주변의 피드백으로 만들어진다.

그러니까 자아상의 핵심은 타인이 우리에게 미친 작용이다. 부모나 보호자가 당신을 똑똑하고 운동을 잘하고 음악 실력이 뛰어나고 기술에 재능이 있다고 생각했는가? 어떤 성격이라고 생각했는가? 어떤 것을 잘하고 못한다고 생각했는가? 무엇보다 어떤 점에서 당신을 칭찬하고 야단쳤는가? 긍정적이거나 부정적인 피드백이 긍정적이거나 부정적인 자아상을 만든다. 부모가 어떤 행동을 칭찬하면 당신 머리에 그 행동이 각인된다. 부모가 당신의 외모를 칭찬하면 당신은 외모를 중요시한다. 외모를 부정적으로 평가하면 예뻐지려고 노력하거나 다른 분야에서 두각을 나타내려 노력한다. 당신은 부모의 사랑을 갈망하여 황금 불상에 진흙을 바르듯 자기 둘레에 이미지를 덕지덕지 갖다 붙인다.

자기인식은 주변 사람들이 나에게 투사하였던 것들, 부모나 보호자가 일찍이 칭찬하거나 비판하였던 내용으로 구성된다. 그 말인즉슨 당신이 아닌 것이다. 자신이 실제로 누구인지를 모르기에 우리는 쉬지 않고 기존의 자아상을 확인받으려고 노력한다. 자신이 싹싹해서 어디서나 사랑받는 사람이라고 믿는다면, 주변 사람들에게 계속해서 좋은 평가를 받으려고 그 믿음에 맞게 행동한다. 자신이 근면성실형이라 믿는다면 타인에게 그 이미지를 일깨워 다시금 같은 피드백을 받으려 노력한다. 당신이 생각하는(혹은 원하는) 자신의 이미지를 타인이 당신에게서 보고 확인해주길 바란다.

당신의 자아상

몇 분만 시간을 내어서 스스로를 어떻게 생각하는지 적어보자. 당신은 다혈질인가? 야망이 넘치는 사람인가? 마음이 넓은가?

머리가 좋은가? 사람을 좋아하는가? 농담을 잘하는가? 보수적인가? 내향적인가? 예민한가? 인터넷에서 성격 리스트를 검색해서 테스트를 해보자.

이런 자아상 때문에 꼭 해내야 한다고 생각하는 임무가 있는가? 이 자아상은 어디서 왔을까? 어릴 적 어떤 사건이 떠오르는가? 당신이 자신을 이런저런 'XYZ'라고 확신하게 된 계기가 있는가?

일단 자아상이 확립되면 우리는 그것을 지키려고 노력한다. 나의 자아상은 '절대로 포기하지 않는 사람'이었다. 내게도 한계가 있다는 사실을 인정할 수 없었기에 번아웃이 올 때까지 나를 방치했다. 어떤 사람은 야망에 불탄다. 또 어떤 사람은 두루두루 잘 지내는 사람이라는 믿음에 금이 갈까 봐 하고 싶은 말이 있어도 꾹 참는다. 완벽주의자의 탈을 쓰고서 자신을 몰아세우는 사람도 있고, 유쾌한 사람이라는 틀에 갇혀 울지 못하는 사람도 있다.

당신은 당신의 성격이 아니다. 이렇게 말하면 성격을 완전히 뜯어고쳐야 한다고 생각하는 사람이 많다. 명상을 시작하면 성격을 완전히 바꿔야 한다고 믿는다. 절대 그렇지 않다. 내가 많은 시간을 함께 보낸 깨달음을 얻은 선사들은 하나 같이 명랑하고 쾌활했다. 보통 사람들과 다른 점이 있다면, 그들은 집착하지 않는다. 당신 역시 자신의 모든 능력과 성격을 활용할 수 있다. 실현할 수 있고 그것으로 기쁨을 느낄 수 있지만, 필요치 않거나 고통스럽다면 단숨에 버릴 수도 있다.

또 세상이 당신의 믿음과 다른 반응을 보여도 상처받지 않을수 있다. 억지로 낡은 패턴에 따라 반응하지 않아도 되며, 필요하다면 다르게 반응하거나 아예 반응하지 않아도 된다. 선사들은 매우 즉흥적이고 예측하기 힘들다. 과거의 행동 패턴을 고집하지 않고 매 순간이 요구하는 대로 새롭게 반응하기 때문이다.

자신이 누구인지 모르기에 우리는 온갖 것과 자신을 동일시한다. 나를 아예 그것으로 만들어버린다. 성격과 더불어 역할, 재산, 외모, 신분, 업적, 직업, 역사 등을 자신의 정체성으로 삼는다.

'그게 나야.' 당신의 두뇌가 외치며 정체성을 지키려고 안간힘을 쓴다. 그러나 무의식적인 그릇된 동일시는 온갖 문제를 낳고 고통을 안긴다. '완벽주의자'는 직장과 가족을 위해 뼈 빠지게 일한다. '착한 사람'은 남을 위해 희생한다. '조용한 사람'은 진실을 말하지 못한다.

수많은 사람이 그릇된 동일시로 자신을 잃고, 심지어 그 정체성에 맞지 않는다는 이유로 목숨을 끊기도 한다. 한 투자자가 금융위기로 투자한 돈을 몽땅 날렸다. 그는 돈과 재산, 신분과 권력을 자기 정체성이라 믿기에 그 모든 것을 한꺼번에 잃은 이상, 더는 살 이유가 없다.

정말로 많은 사람이 황금 불상을 덮은 진흙처럼 그릇된 동일시로 자신을 가린다. 내가 보기에 그릇된 동일시는 주로 네 가지이다. 역사, 역할, 재산, 몸이 바로 그것이다.

나에 대한 흔한 착각들을 끊다

역사와 동일시하다 | 가장 강렬한 동일시 대상 중 하나는 지나온 역사이다. '나는 이런저런 경험을 했기에 지금 이런 사람이 되었어.' 우리는 지나온 역사를 이야기한다. 온갖 풍파, 성공과 실패, 상처와 각인, 운명의 장난이 가득한 이야기이다. 우리는 이 과거를 바탕으로 자신을, 행동과 삶을 정의하고, 과거에 매달린 채 돌리고 돌린 LP판처럼 점점 더 깊은 골을 파면서도 그 사실을 모른다.

지금 당신의 현실은 과거의 경험에서 탄생하였다. 경험과 그것이 만든 사고패턴에 매달리면 우리는 계속 똑같은 경험을 생산할 테고, 결국 그것이 우리의 삶이 된다. 두뇌는 쏟아져 들어오는 모든 정보를 개인의 역사와 각인, 확인에 견주어 여과한다. 그것으로 생각과 감정, 행동을 만들고, 그 행동으로 세상에 반응한다. 이렇듯 우리는 과거에 맞춘 미래를 만들고, 미래는

다시금 확신을 키운다. '세상은', '삶은', '우리는' 이러저러하다는 확신 말이다.

이런 악순환, 힌두교에서 말하는 '윤회의 수레바퀴'를 벗어나는 길은 의식뿐이다. 순간을 의식하고, 생각과 감정, 행동은 매 순간 변한다는 사실을 의식해야 한다. 이러한 의식은 더는 자신과 과거를 동일시하지 않을 때 가능하다.

남편이나 아내의 기만, 어두웠던 어린 시절, 무서운 선생님, 가슴 아픈 상처나 질병의 역사를 되새김질하고 있을지도 모른다. 그 역사와 너무도 동일시되어 이 구절을 읽기만 해도 분노가 솟구칠지 모른다. 그 역사의 심각성에 조금이라도 의심이 깃들면, 누군가 애써 발라놓은 진흙 불상을 마구 흔드는 기분일 것이다. 하지만 당신은 잊고 있다. 진흙은 그 안에 숨은 황금을 보호하기 위한 싸개일 뿐이라는 사실을 말이다.

절대 변치 않는 역사는 없다.
당신이 계속해서 되새기는
과거의 사연이 있을 뿐.

자, 잠깐 상상해보자. 지난주에 친구랑 약속을 잡았다. 약속 시각에 맞추어 카페에서 기다리는데 아무리 기다려도 친구가 오지 않는다. 30분이 지나자 화가 나서 전화를 걸지만, 전화도 받지 않는다. 한 시간 후 포기하고 집으로 돌아온다. 그리고 이렇게 생각한다. '미친놈 아니야? 한 시간이나 기다리게 해놓고 전화도 없어. 무슨 생각을 하는 거야?' 집에 돌아와서 배우자에게 있었던 일을 들려주자니 다시 화가 치솟는다.

다음 날 아침에야 친구에게서 문자가 도착한다. "미안해, 어제 갈 수가 없었어. 엄마가 사고를 당해서 병원에 모시고 가느라 정신이 하나도 없었거든." 그 순간 모든 것이 달라진다. 무시당한 피해자의 역사는 친구를 향한 이해심으로 바뀐다.

그날 오후 우연히 다른 친구를 만나서 어제 있었던 일을 들려준다. 그가 황당하다는 표정으로 당신을 쳐다보며 말한다. "아니야. 어제 그 자식 우리랑 술 먹고 완전히 뻗었어." 이해의 역사는 다시 분노의 역사로 되돌아간다.

자신에게 들려주는 이야기는 계속 변하고, 그 이야기는 다시금 경험을 어떻게 해석하느냐에 따라 달라진다. 역사가 있는 것이 아니라 각자가 자신에게 들려주는 역사가 있을 뿐이다. 역사가 그저 수많은 이야기 중 하나의 가능성일 뿐이라는 사실을 진심으로 깨달을 때, 당신은 자신만의 역사를 쓰거나 아예 역사를 접고 매 순간을 주의 깊게 관찰할 수 있다.

내려놓기는 이해에서 시작하여 순간의 관찰로 끝난다. 온 감각, 온 집중, 온 알아차림을 동원하여 현재의 순간에 닻을 내릴 때, 과거도 미래도 사라지고 오직 현재만 남는다.

당신의 역사

자신에게 거듭 들려주는 역사가 있는가? 그 이야기를 듣고 원숭이가 바나나에 집착하듯 과거에 매달리지는 않는가?

배우자가 당신을 기만했는가?

어린 시절이 고단했는가?

아무도 당신을 사랑하지 않았는가?

누군가 당신을 이용하고 버렸는가?

당신은 어떤 역할을 스스로 떠안았는가?

역할과 동일시하다 | 누구냐는 질문을 받으면 우리는 대부분 이름부터 말한다. "나는 페터입니다." 그러고 자신이 맡은 역할을 늘어놓기 시작한다. "나는 엔지니어입니다." "나는 집주인입니다." "나는 이것이고 저것입니다." 엔지니어 시절에는 나도 그런 식의 대화를 자주 나누었다. 항상 똑같은 수박 겉핥기식의 대화들. 하지만 그동안 맡았던 역할을 조금씩 내려놓고, 의식적으로 새로운 역할을 받아들이면서 이런 식의 대화를 멈추었다.

역할은 역사와 밀접하게 붙어 있다. 당신은 특정 교육을 받고 특정 학교를 졸업한 덕에 특정 직업이나 직함을 얻었다. 부동산을 취득했다면 건물주이고, 자식을 두었다면 부모이다. 그것 말고도 자발적으로 혹은 억지로 떠맡았지만, 어느 사이 무의식적으로 자신과 동일시하는 수많은 사회적 역할이 있다. 물론

이 역할들은 그 자체로는 나쁘지 않다. 오히려 상호작용을 수월하게 해주는 경우도 많다. 우리는 각각의 역할로써 타인과 관계 맺는다. 그때그때 기대되는 역할은 (바람직한 경우) 서로의 교류를 돕는다.

역할은 한 사람에게 기대하는 행동방식의 총합이다. 특정 역할은 한편으로는 유익한 행동방식을 취하길 요구한다. 판사는 객관적이려고 노력하고, 의사는 양심적이어야 하며 심리치료사는 이해심이 많아야 하고 기술자는 꼼꼼해야 한다. 즉 역할이 일정 정도의 확실성을 선사한다. 어떠해야 할지 이미 정의가 내려진 상태이므로 애써 고민할 필요가 없다. 다만 그 역할과 자신을 심하게 동일시할 때 문제가 발생한다. 타인의 기대, 특히 자신의 과도하거나 비건강한 기대를 무조건 맞추어야 한다고 생각한다. 왜냐하면…… 나는 원래 그런 사람이니까!

- 나는 교사니까 수업도 잘하고 제자들도 잘 보살피고 잡무도 척척 처리해야 해.
- 나는 기술자니까 무슨 일을 해도 정확해야 해.
- 나는 사장이니까 직원들을 다 책임져야 해.
- 나는 간호사니까 환자가 우선이야.
- 나는 엄마니까 애들이 부르면 언제라도 달려가야 해.
- 나는 학자니까 모르는 게 있으면 안 되지.

역할을 자신과 너무 동일시하다 보면 때가 되어도 역할을 내려놓지 못한다. 수많은 퇴직한 남성이 어찌할 바를 모르고 방황하는 이유이다. '쓸모 있는 인간'의 역할을 더는 할 수가 없고, 자유로운(그들이 보기에는 쓸모없는) 은퇴자의 역할을 받아들이기에는 마음이 내키지 않기에 가슴에 큰 구멍이라도 난 것처럼 공허하고 괴롭다. 아이가 충분히 자랐는데도 어머니는 간섭을 그치지 않는다. 경찰이 퇴근한 후에도 정의구현에 힘쓴다. 기술자가 세상 모든 고장 난 전기제품을 자신이 다 수리해야 한다고 생각한다.

너무 고단할 것 같지 않은가? 당사자뿐 아니라 옆 사람도 힘들다. 당신의 직업이나 신분은 한 가지 역할에 불과할 뿐, 실제 당신과는 아무 상관이 없다. 우리 아들에게 나는 아빠지만 동료들에게는 아빠 노릇이 먹힐 리 없다. 집에서도 명상 선생의 역할을 못 버리고 고단한 하루를 보내고 퇴근한 아내에게 명상과 마음챙김을 설교한다면 아내가 반길 리 있겠는가?

어쩔 수 없이 여러 역할을 떠맡아왔다.
그게 삶이다.
하지만 내가 곧 역할은 아니라는 사실을
항상 잊지 말아야 한다.

역할은 당신이 하는 일이지 당신이 아니다. 역할과 자신을 동일시하면 언젠가는 고통을 겪는다. 역할을 맡았을 때에는 배우처럼 성심을 다하다가 역할이 끝나면 미련 없이 벗어던지고 다른 역할로 들어가면 된다. 아니면 모든 역할을 다 버리고 명상을 하거나.

재산과 동일시하다 | 자기 본성을 모르는 탓에 우리는 주변에서 찾은 모든 것을 자신과 동일시하려 애쓴다. 역사와 역할로도 만족하지 못하고 재산이나 신분마저 동일시의 대상으로 삼는다. '내 집, 내 아내, 내 요트.' '더 크고, 더 높고, 더 빠르고, 더 넓다!' 소유물에 항상 달라붙는 이 구호는 자동차나 요트 같은 커다란 물건에서 그치지 않는다. 티셔츠에 적힌 문구 한 줄, 사용하는 노트북 사양, 신고 다니는 신발에까지. 훨씬 더 세밀한 부분에까지 차이를 추구한다.

신분과 지성, 소속과 라이프스타일을 말해주는 수천 가지 물건들. 우리는 남과 다르고 싶어 하면서, 동시에 집단에 소속되고자 한다. 그 집단에 최대한 잘 스며들고 싶다.

불교에서는 고통을 일으키는 다섯 가지 원인 가운데 하나로 우파다나라, 즉 '집착'을 꼽는다. 붓다는 온 것은 모두 되돌아간다는 사실을 잘 알았다. 소유에 집착하거나 심지어 재산을 자신과 동일시하면 그것이 사라지는 순간 커다란 고통이 생긴다. 세상 모든 것은 무상하다. 모든 것이 그렇다. 소유를 잃지 않으려 발버둥 치면 고통이 밀려온다. 남과 비교하고 시기해도 마찬가지이다. 그래서 비싼 외제차 차주는 차에 긁힌 자국만 발견해도 길길이 미쳐 날뛴다. 집주인은 수리할 곳이 생겼는데 돈이 부족해서 전전긍긍한다. 십대 아이는 자기 신발을 친구들이 다 따라 신고 다녀서 화가 난다. 요트 주인은 자기 요트 옆에서 더 큰 요트를 발견하고 질투심이 폭발한다.

소유는 잃어버릴 때만 고통을 안기는 것이 아니다. 소유 자체가 불안을 유발한다. 좋은 물건이 생기면 혹시라도 잃을까 불안하다. 우리 명상 아카데미 학생 중에 돈 많은 중년 남성이 있었다. 그분 어머니가 어느 날 아침 신문에서 주가 폭락 뉴스를 읽고는 아침 식사를 중단하고 식은땀을 줄줄 흘리며 괴로워했다고 한다. 그들의 재산은 엄청나다. 그런데도 늘 그걸 잃을까 전전긍긍한다.

그래서 부자들은 높은 담을 쌓고 온갖 도난방지 시스템을 구축한다. 재산이 자신의 전부이므로, 잃을지도 몰라 불안하기 때문이다. 〈스타워즈〉의 스승 요다는 이런 말을 했다. "잃을까 봐 두려운 것을 버리는 연습을 해. (……) 두려움은 암흑으로 가는 길이지. 두려움은 분노를 낳고 분노는 증오를 낳고 증오는 고통을 낳거든."

그렇다고 있는 재산 다 기부하고 노숙하라는 말이 아니다. 있는 만큼 즐기되 헤어질 때가 되면 언제라도 버릴 각오를 하라는 말이다. 아래에서 소개할 고대 인도의 옛이야기에서 그 지혜를 배워보자.

자나카 왕이 왕국을 바치다

옛날에 자나카 왕이 살았다. 아직 젊던 왕은 위대한 스승을 찾아 가르침을 얻고 싶었다. 자나카가 아는 가장 위대한 스승은 아슈타바크라였다. 온 나라에 아슈타바크라가 대단한 스승이라는 소문이 자자했다. 자나카가 제자가 되기를 청하자 아슈타바크라는 그를 제자로 받아들였다. 자나카는 잠시 대리인에게 왕국을 맡기고 아슈타바크라가 사는 곳으로 가서 요가와 명상을 배웠다. 정신을 다스리는 법도 배웠고 온갖 영적 원리들도 배웠다. 또 평정심에 대해서도 많은 가르침을 받았다.

인도에서는 배움이 끝나면 제자가 스승에게 선물을 드리는 것이 관례이다. 그것을 다크시나라고 부른다. 정해진 액수는 없고 각자 바칠 수 있는 것을 바친다. 자나카는 왕이었기에 정말로 많은 것을 줄 수 있었다. 물론 아슈타바크라는 만족을 아는 위대한 스승이기에 더 필요한 것이 없겠지만 자나카는 스승에게 물었다. "스승님, 제가 다크시나를 바치고 싶습니다. 무엇을 드릴까요? 아시다시피 저는 가진 것이 많습니다. 원하시면 뭐든지 다 드리겠습니다."

아슈타바크라가 대답했다. "뭐든 다 주겠다고 했느냐?" 자나카가 말했다. "네, 저의 말은 곧 왕의 말입니다. 뭘 바라시든 다 드리겠습니다. 스승님께 너무도 많은 것을 배웠습니다. 그러니 무엇이든 못 드리겠습니까?"

아슈타바크라가 미소를 지으며 말했다. "그렇다면 너의 왕국을 다오. 왕국이 갖고 싶구나."

자나카는 예상치 못한 대답에 깜짝 놀랐지만 한 번 뱉은 말은 꼭 지키는 사람인지라 이렇게 대답했다. "알겠습니다. 약속을 지키겠습니다. 왕국을 드리겠습니다." 두 사람은 즉각 말을 실행에 옮겨 아슈타바크라가 양피지를 가져오고 자나카가 옥새를 찍었다. 아슈타바크라는 제자 몇을 불러 증인으로 삼았다. 자나카는 아슈타바크라에게 옥새와 몇 가지 권력의 상징들을 건네주었다. 일을 마치자 아슈타바크라가 웃으며 말했다. "고맙네, 자네는 이제 가도 좋아."

자나카는 어디로 가야 할지 몰랐다. 왕궁에서만 살았던 터라 어디에 무엇이 있는지 몰랐지만, 어떻게든 되겠지 하는 심정으로 길을 나섰다. 조금 걸으려니 아슈타바크라가 큰 소리로 그를 불렀다. "자나카, 이리로 오게."

자나카가 스승에게 달려가니 스승이 말했다. "자네도 알다시피 나는 여기 숲에서 잘 지내고 있네. 왕국을 어떻게 다스려야 할지도 잘 모르겠고. 허니 자네가 나 대신 왕국을 다스려주겠는가? 단 조건이 두 가지 있네. 첫째, 자네는 왕인 듯 행동하고 스스로 왕이라 칭하게. 둘째, 나는 언제라도 자네에게 가서 왕국을 돌려달라고 할 수 있네." 자나카가 웃으며 고개를 끄덕였다. 그렇게 자나카는 다시 왕국으로 돌아갔지만 이제 왕국은 그의 것이 아니었다.

자나카는 왕인 양 행세했고 왕궁에서 살았으며 옥좌에 앉아 왕의 일을 처리했지만, 마음 깊은 곳에서는 늘 이곳이 자기 왕국이 아니라는 사실을 잊지 않았다. 몇 개월에 한 번씩 아슈타바크라가 찾아와 웃으며 물었다. "자나카, 어찌 지내는가? 내가 왕국을 맡을까 고민이 되지만 잠시 더 자네에게 맡기기로 하지." 자나카는 열과 성을 다해 왕국을 다스렸다. 스승을 위해서라면 무엇이든 하고 싶었기 때문이다.

그는 스승의 윤리 원칙에 맞게 나라를 다스렸다. 정의롭고 평화롭고 공평하게. 그리고 언제라도 스승이 와서 왕국을 가져갈 수 있다는 사실을 명심하였다. 스승의 마음에 들지 않으면 언제라도 다른 사람에게 왕국을 줘버릴 수 있었다. 이렇게 생각하니 그는 혹시 잘못할까 불안에 떨지 않고 마음 편히 맡은 소임을 다할 수 있었다.

물론 자나카는 왕처럼 살았다. 왕이 누릴 수 있는 사치를 한껏 누렸다. 사람들이 왕을 공경하고 우러러보려면 사치도 필요했다. 하지만 이 모든 것을 언제라도 잃을 수 있다는 사실을 잊지

않았고, 덕분에 스트레스를 이기고 책임을 다하며 능력을 한껏
발휘할 수 있었다.

수많은 이야기에서 자나카는 세속적으로 살되 세속적인 소유
와 신분을 자신과 동일시하지 않은 대표적인 인물로 등장한다.
사치를 누리지만, 사치에 집착하지는 않는다. 물론 자나카를 이
처럼 훌륭한 인물로 성장시킨 것은 아슈타바크라의 지혜로운
한 수였다.

우리도 다르지 않다. 나의 것은 없다. 집이 한 채 있다 해도
그것이 진정 나의 것은 아니다. 집이란 그저 특정한 장소에 쌓
은 돌덩어리일 뿐이다. 종이에 그것이 당신 집이라고 적혀 있다
한들 사실 언제라도 빼앗길 수 있다. 지진이 나서 집이 무너질
수도 있고 불이 나서 다 타버릴 수도 있으며 빚을 너무 많이 져
서 은행에서 가져갈 수도 있다. 그 집은 누군가의 소유가 아니
니라 일정 시간 동안 맡은 물건이다. 물론 당신은 당신 것인 양
집을 가꾸고 수리하고 보살핀다. 공식적으로도 주인은 당신이
다. 하지만 언제라도 그 집을 빼앗길 수 있음을 받아들이면 집
착이 사라진다.

몸과 동일시하다 | 수많은 역할과 성격에 이어 그보다 훨씬 더
확실한 형태의 동일시가 있다. 바로 자기 몸과의 동일시이다.

특히 요즘 같은 소비사회에선 몸에 대한 이미지가 사람들의 마음에 깊게 뿌리 내렸다.

일단 외모에서 시작된다. 사회에는 남자는 어때야 하고 여자는 어때야 한다는 이상이 있다. 잡지건 미디어건 광고판이건, 어디로 눈을 돌려도 '완벽한' 몸이 우리를 보며 웃는다. 특히 젊은 사람들은 이런 이상과 자신을 쉬지 않고 비교하고, 조금이라도 자신이 그 이상에서 벗어나면 금방 기분이 상한다. 수많은 이상을 좇아 헬스장으로, 화장품 가게로 달려가거나 성형수술을 받고, 작은 주름 하나, 조금 모자란 근육에도 안달복달한다.

모두가 무의식적으로 그릇된 이상 속 몸과 자신을 동일시하며 끝없는 자기 최적화의 악순환에 빠져들지만, 그 모든 노력은 결국 실패할 수밖에 없다. 아무리 가꾸고 단련한들 어떤 육체라도 무너뜨리는 한 가지 요인이 있기 때문이다. 바로 시간이다. 건강한 생활양식과 알약과 호르몬은 노화를 늦출 수는 있어도 한 가지 진리만은 피할 수는 없다. 만물은 변한다. 영원한 것은 없다. 젊음을 유지하려는 노력은 절대 이길 수 없는 투쟁이다.

내 말을 오해하지는 마라. 나도 건강한 생활습관을 유지하려 노력하고 열심히 운동한다. 하지만 뒤돌아보면 나 역시 오랜 시간 어떤 이상을 뒤쫓았다. 그러기에 의식적으로 이런 동일시를 버리려고 노력한다. 그런 의미에서 다음의 훈련법을 소개하고 싶다.

몸과의 동일시, 이렇게 내려놓는다

5분 정도 시간을 내서 집에서 가장 큰 거울 앞에 선다. 자신을 아주 꼼꼼하게 관찰한다. 몸의 일부만 보면 안 된다. 우리는 거울을 볼 때 몸의 일부만 비추어 보는 습성이 있다.

자신의 눈을 똑바로 바라보며 말한다. "널 사랑해." 그 말은 차마 못 하겠다 싶다면 이렇게 해보자. "넌 최고야."

어떤 감정이 솟구치는지 관찰해보자. 거부감이 생기는가? 부끄러운가? 죄책감이 드는가?

어떤 감정이어도 괜찮다. 앞서 배운 대로 감정을 인정하고 받아들이자.

훈련을 매일 반복하자. 아침에 양치질하고 나서, 저녁에 자기 전에. 건강하지 못한 감정을 잘 소화하면서 계속해서 자신에게 사랑을 고백하다 보면 하루하루 훈련이 수월해질 것이다. 이 훈련만으로도 삶은 크게 달라진다.

진정한 나를
느끼는 경험

자기 몸을 자신과 동일시하는 사실 정도야 당신도 충분히 이해할 것이다. 하지만 동일시는 거기서 그치지 않는다. 한번 자신에게 물어보자. "나는 숨을 쉰다. 나는 말한다. 나는 무언가를 한다." 당신이 여기서 지칭하는 '나'는 무엇인가?

'나'를 자신의 장점이나 역사에서 찾지 않을 때는 보통 몸에서 찾는다. 서구 사람들은 '나'의 중심이 두뇌 한 가운데에, 이마에서 몇 센티미터 뒤에 있다고 배운다. 동양에서는 배, 주로 위장 부근에 있다고 가르친다. 고대 그리스 사람들은 엄지발가락에 있다고 생각했다.

우리는 흔히 '내 발, 내 손'이라는 말을 '내 옷, 내 집, 내 부인'이라고 말하듯 한다. 하지만 재미있게도 "내가 내 발톱을 키운다"라고 말하지는 않는다. 생명을 잉태하는 여성들조차 "내가 생명을 키운다"라고 하지 않는다.

당신은 지금 이런 말이 하고 싶을 것이다. "그래, 알아들었어. 나는 내 생각이 아니야. 나는 머리와 몸, 전체야." 만일 그렇게 생각한다면 당신은 '나'의 경계선을 피부에 그은 것이다. "여기 안쪽은 나고 저기 바깥쪽은 세상이다." 하지만 발 딛고 선 땅, 들이마시는 공기, 먹는 음식이 없다면 '안'은 불가능하다. 또 당신이 먹는 음식이 언제부터 '나'가 되는지 생각해봤는가? 씹을 때? 위장에 있을 때? 대장에 있을 때? 경계선이 어디일까? 경계선이 있기는 한 걸까?

다음으로 넘어가기 전, '의식의 여섯 가지 층위'를 짚고 넘어가면 이해에 도움이 될 것이다. 인간의 모든 경험은 아래의 여섯 가지 층위 중 하나에 해당한다.

의식의 여섯 가지 층위

- 바깥에서 본다(지금 당신이 눈으로 보는 것).
- 바깥에서 듣는다(지금 당신이 귀로 듣는 소리).
- 바깥에서 느낀다(당신의 피부에 와닿는 느낌).
- 안에서 본다(내면의 이미지 세상).
- 안에서 듣는다(사고).
- 안에서 느낀다(기분과 감정).

경험으로 가는 세 번째 걸음 :
당신은 당신이 누구라고 느끼는가?

아마 당신은 어딘가에 편안한 자세로 앉아 이 책을 읽고 있을 것이다. 당신은 자신을 느낀다. 그렇다. 당신은 여기에 있다. 위에서 살펴본 '의식의 층위'를 토대로 이 느낌을 좀 더 자세히 살펴보자.

당신이 춤을 너무너무 좋아한다고 상상해보자. 그런데 얼마 전에 낯선 도시로 이사를 와서 같이 춤추러 갈 사람이 하나도 없다. 용기를 짜내어 혼자 무도장에 가기로 한다. 잔뜩 긴장했지만, 살짝 설레는 마음으로 무도장에 들어간다. 심장이 두근거리고(안에서 느끼기) 이런 생각이 든다(안에서 듣기). '멋진 사람이 많아서 같이 신나게 춤추면 좋겠다.' 그 순간 당신은 '나'를 강렬하게 느낀다.

이때의 '나'는 근본적으로 '안에서 듣기(생각)', 특히 '안에서 느끼기(신체 느낌)'가 만들어낸 강력한 각인이다. 사람으로 꽉 찬 무대를 힘들게 지나 음료를 파는 바에 가서 앉는다. 약간 긴장이 풀리면서 '나'의 느낌도 약해진다. 당신의 의식에서 다른 인상이 주도권을 잡는다. 당신은 음악을 들으며(바깥에서 듣기) 춤추는 사람들을 바라본다(바깥에서 보기).

느긋하게 칵테일을 홀짝거리자니 문득 눈길이 느껴진다. 어떤 사람이 다정한 눈빛으로 당신을 쳐다보며 미소를 짓는다. 마음에 드는 사람이다. 그와 눈을 맞추자니 마음이 불안해진다(안에서 느끼기). '나'의 느낌이 다시 강해진다. 잠시 후 그와 대화를 시작하고 속으로 이런 생각을 한다(안에서 듣기). '저 사람도 내가 마음에 들면 좋겠다.' 두근거리는 심장과 땀에 젖은 손을 느낀다(안에서 느끼기). 그와 대화를 나눈 지 몇 분도 안 지나 벌써 오래전부터 알던 사람처럼 친근한 느낌이 든다. 긴장이 풀리면서 신나게 이야기를 주고받는다('나'의 느낌이 약해진다). 드디어 바라던 순간이 온다. 그가 당신에게 춤을 추자고 손을 내민다. 그와는 정말이지 호흡이 잘 맞는다. 당신은 정신없이 무대를 휘저으며 음악과 춤에 빠져든다('나'의 느낌이 사라진다).

다들 이런 순간이 있었을 것이다. 어찌나 푹 빠졌던지 시간이 어떻게 가는지도 몰랐던 순간. 음악회의 분위기에 푹 빠져 관객들과 하나가 된 듯한 순간도 그렇고, 매일 밤 잠에 들 때도 그렇다. 그 모든 일을 우리는 '나' 없이 경험한다. 그냥 경험한다. 그런 순간 내가 "당신은 누구인가요?"라고 묻는다면 당신은 1초도 안 되는 짧은 순간이지만 하던 일을 멈추고, 다시 자신을 느끼고 인지하면서 무슨 대답을 해야 할지 모를 것이다. 점차 관심이 몸과 정신을 향하고, 생각과 감정이 솟구치면 그제야 다시금 내면의 감정과 생각을 '나'의 신원보증인으로 내세운다.

'나'의 느낌은 자신에게 몰두하거나 스트레스가 심한 상황에서는 강해진다. 그러나 하는 일과 하나가 될 때는 거의 사라질 정도까지 약해진다. 수행이 깊은 사람들도 '나'가 사라지고 만물과 하나가 되었던 경험을 이야기한다.

'나'의 느낌은 상황과 상태에 따라 강해졌다가 약해지기를 반복한다. 드물지만 아예 사라지기도 한다. 경험의 최정상이라 부를 만한 상태이다.

'나'의 느낌을 관찰한다

하루에 몇 차례 알람을 설정해놓고 그 순간 '나'의 느낌이 얼마나 강한지 점검한다. 언제 강하고 약한지 관찰해보자. 자기감이 강하거나 약할 때 기분이 어떤지도 살펴보자. 별것 아닌 일을 크게 부풀리는 때는 언제인가? 비판을 인신공격으로 받아들일 때는 언제인가? 자기감이 강할 때인가 약할 때인가? 친구들과 웃고 떠들 때는 자기감이 얼마나 강한가?

안이건 밖이건 인생(의식)에 등장하는 모든 것은 쉬지 않고 변한다. 고정된 '나'라는 망상은 경험을 기억에 기록하는 능력으로 인해 생긴다. 저장해둔 일부 정보를 당신은 무의식적으로 자신과 동일시한다. 하지만 그 정보는 현재의 '나'와 아무 관련이 없다. 약간의 안정을 담보로 변치 않는 것에 매달리면 계속해서 과거를 살게 된다.

'이래야만 하는' 인생은 없다

문제는 거기서 그치지 않는다. 고정된 '나'라는 허상은 지금 이 순간이 어때야 할지를 정한다. 인생이 어떠해야 하며 당신이 어떠해야 할지를 그 허상에 맡긴다. 삶이 그와 일치하지 않을 때마다 투쟁한다. 따지고 보면 허상과 삶의 투쟁, 허상과 지금의 투쟁이다. 당연히 고통스러운 여정이다.

허상의 내용과 삶이 일치할 때는 행복하다. 아름다운 해변에서 지는 해를 보고 있으면 행복이 밀려온다. 하지만 모기 한 마리가 나타나 귀찮게 하면 바로 '허상의 나'가 튀어나와 싸움을 시작한다. 앞에서도 말했듯 이 '나'는 안에서 듣기, 보기, 느끼기와 다르지 않다. 어딘가 숨어 있는 '고정된' 에고가 아니다. 무한한 인생의 바다에서 넘실대고 부서지는 파도이다. 당신의 의식에 떠올랐다 사라지는 파도일 뿐이다.

모순적이지만 '나'가 약할수록 더 행복하고 기쁘다. 삶과 하나가 되면 행복하고 평화롭고 활기차다. 역설적이게도 '나'의 허상을 꿰뚫어 보고 삶에 자신을 던질 때 당신은 늘 바라던 그곳에 도달한다. 꼭 아름다운 해변이 아니어도 좋다. 더러운 화장실이라 해도 지금 당신이 있는 곳이 바로 그곳이다. 붓다는 우리가 느끼는 '나'를 아타나, 즉 무아無我라 불렀다. 처음 그 말을 들었을 때 나는 '무슨 말도 안 되는 소리냐'고 생각했다. '나'를 찾겠다고 힘든 명상의 여정에 들었는데 '나'가 없다니! 아마 당신도 낯설 것이다. 1초만 자신을 의식해도 이렇게 말할 수 있다. "나 여기 있어. 그러니까 내가 존재하지." 그런데 무아라니?

'나'를 칭할 때 무엇을 떠올리는지 자세히 관찰해보면 대부분이 내적 듣기, 보기, 느끼기의 결합이다. 하지만 인지하는 모든 것이 자신일 리는 없다. 어떤 것을 관찰한다면 우리는 관찰자이지 관찰 대상이 아니다. 이 말이 핵심이다. 당신이 관찰하는 모든 것은 당신이 아니다. 당신은 관찰자이기 때문이다.

그렇다. '나'가 없다는 생각은 난해하다. 하지만 그 경험은 숨막힐 듯 황홀하다. 당신은 자기 몸을 보고 느낄 수 있다. 보고 느끼는 대상은 보고 느끼는 당사자일 수 없다. 당신은 피곤하거나 건강할 수 있고, 에너지가 넘치거나 우울할 수 있다. 그렇다고 당신이 피곤이나 건강, 에너지나 우울은 아니다. 당신은 불안할 수 있고 행복할 수 있지만, 그 모든 감정을 경험할 뿐 감정 자체는 아니다. 당신은 몸이 무겁거나 가볍다고 느끼는 등 몸을 인지하지만, 몸은 아니다. 당신은 생각을 인지할 수 있지만, 생각은 아니다. 그저 생각을 인지할 뿐이다.

모든 것이 다 떨어져 나가면 무엇이 남을까?

모든 것을 다 제거하면

무엇이 남을까?

지금까지 읽은 내용을 잘 새겨보자. 당신이 관찰할 수 있는 모든 것은 당신이 아니다! 당신은 당신의 생각이 아니다. 다시 말해 당신이 지금껏 자신에 대해 했던 모든 생각은 치워버릴 수 있다. 이 얼마나 엄청난 자유인가? 우리는 수백만 가지 자괴감과 불안, 걱정 근심과 생각, 문제를 안고 살아간다. 하지만 당신은 지금 그 모든 생각을 한꺼번에 내려놓을 수 있다. 생각이 내가 아니라는 사실을 깨달았기 때문이다.

마찬가지로 당신은 당신의 몸이 아니라는 사실을 깨달을 수 있다. 몸도 인지 대상이 될 수 있기 때문이다. 잘 생각해보자. 당신의 몸은 인식의 대상이지 인식하는 당사자가 아니다. 이런 깨달음 역시 엄청난 해방감을 선사한다.

경험으로 가는 네 번째 걸음 : 실상 당신은 누구인가?

생각, 역할, 몸, 재산과의 모든 동일시가 멈추면 무엇이 남을까? 당신이 인지할 수 있는 모든 것이 당신이 아니라면? 관찰 가능한 모든 대상이 사라지면, 과연 무엇이 남을까?

서양 심리학과 과학은 불과 몇십 년 전에야 의식의 본성을 탐구하기 시작했지만, 불교심리학은 처음부터 의식을 중심에 두었다. 불교심리학은 의식을 '아는 것'이라 부른다. 다시 말해 '경험'이다. 그 말을 이해하자면 눈을 180도 돌려서 무엇이 세상을 내다보는지를 보다 정밀하게 관찰해야 한다. 그것이 기초가 되어 모든 것을 떠받친다. 의식이 없다면 경험도 없다. 모든 것을 제거하고 나면 의식 그 자체만이 남는다. 경험을 쌓는 그것, 지금 이 글을 읽고 있는 그것.

거울을 보다가 자신의 모습이 생각보다 너무 늙어 보여서 깜짝 놀란 적이 없는가? 본성은 조금도 늙지 않은 것 같은데…… 당신 안에는 늙지 않는 무엇인가가 있는 것 같다. 5년 전, 10년 전, 그 이전부터 있었고 지금 이 순간에도 있는 그 무엇, 어쩌면 당신이 '나는'이라 부를지도 모르는 그 무엇이.

이런 '나는'의 경험은 오랜 시간 동일하다. 본성은 늙지 않기 때문이다. 우리의 본성은 인식하는 주체로서 언제나 현존한다. 이 의식이, 지식이 모든 경험의 배경이 된다. 우리가 인식하는 형태와 색과 현상은 매순간 변한다. 그러나 그 모든 것이 일어나는 공간은 같다. 화가가 형태와 색을 입히는 하얀 캔버스처럼, 의식은 경험의 공간 그 자체이다. 캔버스(공간)가 없으면 색과 형태(경험)가 있을 수 없듯이.

일상에서 우리는 경험의 내용에 몰두한다. 직장, 아이들, 배우자 문제에 관심을 쏟는다. 하지만 그 모든 것을 경험하는 자신에게는 아무런 관심이 없다. 이유는 간단하다. 의식의 본성

(의식하는 것)은 공기와 같이 늘 그곳에 있고 삶 자체의 기초이기에 인식하지 못했다.

**거울 앞에 서서 눈을 똑바로 보며,
"나는 진짜 누구일까?" 묻는다.**
- 나의 각인이 내가 아니라면 나는 누구인가?
- 나의 과거가 내가 아니라면 나는 누구인가?
- 나의 역할이 내가 아니라면 나는 누구인가?
- 나의 이성이 내가 아니라면 나는 누구인가?
- 나의 몸이 내가 아니라면 나는 누구인가?

인간의 모든 경험은 의식의 여섯 층위 가운데 하나 혹은 여러 곳에서 일어난다. 여섯 가지는 앞에서 설명했듯 안에서 보기, 밖에서 보기, 안에서 듣기, 밖에서 듣기, 안에서 느끼기, 밖에서 느끼기이다.

당신은 당신의 생각을, 몸의 감각을, 지저귀는 새소리를 의식할 수 있다. 당신이 매일 하는 수백만 가지 경험은 바다의 파도처럼 오고 간다. 생각은 솟구쳤다가 가라앉고, 기분과 감정은 올라왔다가 사라진다. 파도처럼 썰물이냐 밀물이냐에 따라 세졌다가 약해진다.

단, 두 가지는 확실하다.

첫째, 파도는 절대 그치지 않는다. 둘째, 영원히 머무는 파도는 없다. 외부세계의 모든 것은 오고 간다. 당신의 몸조차 쉬지 않는 오고 감의 과정에 있다. 몸의 모든 것이 와서 머물다가 다시 죽는다. 하지만 한 가지는 늘 같고 항상 여기에 있다. 바로 당신이다. 바로 그곳에서 당신이 누구인지, 무엇인지를 찾아 떠나는 여행이 시작된다.

고통의 수레바퀴에서 걸어나오기 위해

구글에 들어가서 "나는 누구인가?"라고 치면 검색 결과가 끝없이 이어진다. 몇 가지 심리학 설명 모델에 이어 영성과 관련된 대답도 쏟아진다. 뉴에이지에서는 '참 나'를 '순수 의식', '상위 자아higher self', '참된 자아'라 부르고 기독교에서는 '불멸의 영혼'이라 부르며 힌두교에서는 '아트만', 불교에서는 '불성佛性' 혹은 '공空'이라 부른다.

인터넷을 뒤지건 각종 서적을 들여다보건 수많은 이름을 만난다. 그리고 우리 정신은 그 주제에 관해 읽은 후 다 이해했고 잘 안다고 믿는다. 그러나 그런 형태의 지식은 경험이 아니라 믿음이다. 그저 낡은 사고의 세계상이 새로운 것으로 대체될 뿐이다. 그러니 다시 위기가 찾아오면, 사고를 당하거나 실직하거나 이별을 하면 위대한 불멸의 자아는 어느새 잊히고, 다시금 고통의 바다에서 허우적거린다.

영성이 사고의 놀이터에서만 논다면 절대 고통의 수레바퀴에서 헤어나오지 못한다. 물론 자신의 본성을 슬쩍 들여다본다고 해서 모든 고통이 사라지지 않는다. 반면 수행을 거치면서 본성을 실제로 경험할수록 고통은 줄어든다.

이런 이유에서 나는 당신에게 새로운 믿음과 자아상을 소개하지 않는다. 직접 경험의 세계에 당신과 함께하고 싶다. 이 장에서 설명한 내용을 쉽게 이해하기 힘들겠지만, 열심히 훈련하고 명상을 이어간다면 분명 당신도 경험할 수 있을 것이다.

특별한 순간을 찾는다면
아무것도 찾지 못할 것이다

의식의 본성은 넓은 빈방과 같다. 형태도, 색깔도, 냄새도, 감각이 인식할 수 있는 그 무엇도 없다. 그러나 빈방과 달리 의식은 인식한다. 당신은 지금도 인식을 한다. 불교에선 이를 '공'이라 부른다.

당신이 지금 있는 곳을 잠깐 살펴보라. 의자, 바닥, 벽 등 온갖 것이 보인다. 이 모든 물건은 방이 없으면 있을 수 없다. 공간 그 자체는 공간 속 물건에 필수적이다. 삼척동자도 알 지극히 자명한 말이기에 사실상 누구도 전혀 그에 대해 생각하지 않는다. 미술관에 가서 그림을 볼 때 누구도 캔버스 자체를 인식하지 않는 것과 같다. 그러나 캔버스가 없으면 그림도 없다.

당신도 마찬가지이다. 당신의 본성은 의식이다. 당신의 감정, 생각, 보고 듣고 냄새 맡는 온갖 감각은 의식의 공간인 당신 안에서 일어난다. 공간이 자기 안에 무엇이 있건 상관하지 않듯, 당신의 의식 자체는 당신 인생에서 일어나는 온갖 드라마와 전혀 무관하다. 누군가 의자를 찌그러뜨리고 식탁을 부순다 해도 그 공간은 상관없이 남는 것과 같다.

재미난 영화를 보고 있다고 상상해보자. 영화는 절정을 향해 달려간다. 좋아하는 배우가 죽기 직전이다. 당신은 그 장면에 완전히 빠져든다. 땀을 흘리며 그와 한 심정이 되어 고통을 나눈다. 그와 완전히 하나가 되어 사건 중심에 서 있다. 자신이 누구인지 알아차리지 못한 인생도 꼭 그렇다. '영화'와 완전히 하나가 된다. 하지만 극장에서 깊이 호흡하며 의자에 기댈 수 있듯, 삶에서도 자신이 의식한다는 사실을 의식하고 긴장을 풀고 자기 안으로 들어갈 수 있다. 처음에는 동일시가 아직 강하다 보니 짧은 순간이겠지만 더 자주, 더 깊이 자신을 알수록 더 쉽게 가능해질 것이다.

붓다께서 말씀하신 고통에서의 해방은

우리가 순수 의식이라는

완전한 깨달음이다.

영화가 돌아가는 스크린은 로맨스 영화를 상영하건 공포 영화를 상영하건 변치 않는다. 자신을 깨달으면 고통과 스트레스조차 오고 가는 경험에 불과하다는 사실을 이해한다. 아무리 고통스러운 경험도 당신의 본성을 다치게 못 한다. 언젠가는 당신도 경험할 수 있을 테지만, 죽음조차도 그럴 수 없다.

이런 깨달음은 지성으로 이해할 수 있는 범주가 아니다. '공'의 직접 경험은 붓다께서 말씀하신 고통에서 해방되는 길이다. 하지만 처음에는 안으로의 탐구 여행이 엄청 혼란스럽다. 우리 안에 뭔가 고정된 것, 어떤 핵심이 있다는 그릇된 믿음이 굳게 자리하기 때문이다. 하지만 더 자세히 들여다보면 그 생각은 틀렸다. 모든 대상은 관찰될 수 있으므로 당신이 아니다.

'나'를 캐묻는 또 하나의 질문이 있다. "당신은 누구인가?"라는 질문보다 어쩌면 더 직접적일지 모를 질문이다.

당신이 의식하고 있다는 것을

당신은 의식할 수 있는가?

수행 정도에 따라 두 가지 경로로 나뉜다. 첫째, 당신은 생각하는 정신으로 관심을 돌려 생각을 돌아보거나 대체할 경험을 찾는다. 지금껏 질문을 받을 때 항상 그랬듯 의식에 대해 고민하기 시작한다.

그러나 인간 존재는 생각에서 찾을 수 없다. 생각은 의식의 공간에서 일어난다. 당신은 생각을 의식할 수 있지만, 생각은 아니다. 당신이 생각이라면 두 가지 생각 사이 찰나의 고요한 순간에 당신은 누구란 말인가?

둘째, 당신은 당신이 인지(의식)한다는 사실을 인지(의식)한다. 이 짧은 의식의 각성은 대부분 1초를 넘기지 못한다. 금방 생각하는 정신이 다시 자기 자리를 차지한다. 명상은 바로 이런 반사적 반응, 금방 다시 경험의 대상에 빠져 길을 잃는 반응의 시간을 계속 연기하는 데 필요하다. 명상은 정신이 한 대상, 즉 호흡에 머무르도록 훈련한다. 호흡은 형태가 없고, 들이쉬고 내쉴 때마다 고요로 인도하기에 자기인식에 매우 유익한 명상 대상이다.

내가 의식한다는 것을 의식하는가?

정신이 오래 호흡에 머물러 생각이 고요해지면 그 고요의 공간에서 자신에게 물어보자. "내가 의식한다는 것을 나는 의식하는가?" 이 알아차림에 머무르자. 무한의 의식에 잠겨보자.

자기인식은 지성의 일이 아니다. 근면과 열정의 일도 아니다. 자기인식은 세상에서 가장 단순하고 가장 친밀하며 가장 명백한 일이다. 바로 당신이 의식이다. 특별한 것을 찾지 마라. 당신이 의식한다는 사실을 그냥 의식하라.

자기인식이나 '깨달음'을 순수한 사랑이나 행복이 넘치는 찬란한 순간으로 상상하는 사람이 참 많다. 물론 무한의 사랑과 행복도 우리 자아의 표현이다. 하지만 이런 '위대한 순간'에 속아서는 안 된다. 처음에, 그러니까 자아의 '공'에 푹 잠기기 전에는 먼저 출발점을 깨달아야 한다. 출발점은 당신이 의식한다는 의식이다. 전혀 특별할 것이 없다. 특별한 순간을 찾는다면 아무것도 찾지 못할 것이다. 찾지 않고 그저 의식한다면 말로 설명할 수 없는 경험이 펼쳐진다. 별다른 것이 아니다. 당신이 지금 하는 일상의 경험이다. 앞으로 언젠가가 아닌 지금! 당신이 의식한다는 것을 지금 의식하라.

의식을 의식하는 한순간,
고요하다

당신이 자신을 의식하고 있다는 깨달음은 '각성'으로 가는 첫걸음이다. 물론 우리가 자신을 깨닫는 시간은 1000분의

1초도 안 되는 너무도 짧은 순간이다. 그 찰나의 순간에 우리는 생각하지도 보지도 듣지도 느끼지도 않고 그저 존재한다.

그러나 의식의 의식화는 직접적인 의미의 '바라보기'가 아니다. 이 책을, 창문을, 몸속 감정이나 생각을 보듯 바라보는 것이 아니다. 당신의 이해를 도와줄 두 가지 훈련법을 소개하겠다.

초점을 '이완'에 맞춘다

발가락을 느껴보자. 발가락을 인식하면 이제 관심을 배로 돌려보자. 다음에는 의자에 닿는 엉덩이의 느낌에 집중해보자. 이때 모든 정신의 움직임은 하나의 대상(발가락, 배, 엉덩이)에 집중한다.

의식한다는 것을 의식하려면 위와 같은 집중의 정반대, 즉 알아차림이 필요하다. 불교에서는 이것을 알아차림의 '공'이라 부른다. 의식은 초점을 맞출 수 있는 대상이 아니라 초점 그 자체이다. 따라서 당신의 초점을 '이완'해야 한다. 모든 대상(생각, 감정, 시각……)을 있는 그대로 두고 긴장을 풀며 인식 그 자체로 들어가야 한다. 카메라 렌즈는 바라보는 대상을 선명하게 만들수도, 반대로 흐리게 만들 수도 있다. 당신의 관심도 똑같이 흐리게 조절하면 '긴장이 풀리면서' 자기 안으로 들어간다. 의식적으로 뒤로 물러나는 것, 힘을 빼고 자신의 의식으로 빠져드는 것이다.

무슨 소리인지 도통 모르겠다 싶더라도 괜찮다. 의식의 각성은 일어날 뿐 강요한다고 되는 일이 아니다. 당신이 할 수 있는 일은 명상을 계속하고 이 책에서 일러준 실천 방법을 활용하는 정도이다. 바닥의 진흙이 일어나 호숫물이 흐려질 때 당신이 할 수 있는 일은 없다. 그저 고요히 진흙이 가라앉기를 기다리면 된다. 시간이 가고 때가 되면 맑게 볼 수 있을 것이다. 각성도 마찬가지다.

우리는 삶의 내용과 너무도 하나가 된 탓에 수많은 문제를 겪는다. 끝날 줄 모르는 생각과 관념의 물결에 휩쓸려 앞을 보지 못한다. 마음의 진흙이 고요해지면 정신이 진정한다. 생각이 멈추고 마음이 차분해지면 어느 날 문득 내가 누구인지 맑게 보인다. 그러기에 명상은 '무위無爲'이기도 하다. 그냥 앉아서 긴장을 풀고 호흡을 따라가면서 모든 것을 있는 그대로 둔다. 비록 느리지만 확실하게 날뛰던 정신이 진정되고 이미 늘 거기 있었던 것이 맑게, 더 맑게 드러난다.

도움이 되는 질문

일상생활을 하면서 규칙적으로 물어보자. "나는 의식하는가?" 이 간단한 질문은 당신의 정신에 보내는 초대장이다. 외부와 내면의 대상들에서 벗어나 자신의 원천 그 자체로 향하라는 초대장이다.

그럴 때 어떤 일이 일어나는지 다시 한번 살펴보자. "나는 의식하는가?"라는 질문은 하나의 생각(내면의 듣기)이다. 생각에 이어 멈춤의 순간이 따라오고, 그 순간 당신의 의식은 자신을 의식한다. 하지만 대부분의 경우 번개처럼 빠르게 또 하나의 생각이 따라온다. 위의 질문에 '예' 혹은 '아니오'로 대답하는 생각이다. 의식이 일어나는 그 짧은 고요의 순간에, 무슨 일이 일어나는지를 경험하는 것이야말로 명상의 최고 경지이다. 두 생각 사이 찰나의 고요에 "나는 누구인가?"라는 질문에 응하는, 소리도 없고 모양도 없는 대답이 존재한다.

너무 복잡하다 싶거든 일단 무시하자. 다른 무엇보다 당신이 가장 잘 알고 가장 익숙하며 가장 친밀한 것, 즉 단순한 '나는' 또는 '존재함'을 찾아보면 된다. 명상의 스승들은 명상의 최고 순간으로 압도적 경험을 말씀하셨다. 출발점은 항상 지금 여기에서 단순한 질문과 함께한다. "나는 의식하는가?"

어쩌면 당신은 이런 생각을 할지도 모르겠다. 자기인식이 '세상에서 가장 익숙한 것'이라면 뭐하러 굳이 노력할까? 이유는 너무도 단순하다. 세상에서 가장 익숙한 것이 본질상 모든 것이기 때문이다. 그것은 무한의 사랑, 평화, 행복이다. 처음에는 의식한다는 것을 의식하는 1000분의 1초 동안에도 이런 품성을 거의 인식할 수 없다. 그러나 자기 안으로 더 깊이 들어갈수록 시야는 점점 맑아진다.

공기를 잡을 수는 없지만,
손바닥을 펼쳐 올려놓듯이

헷갈리는 무지의 상태에 머물러도 좋다. 이 상태가 진정한 명상이다. 지식은 집착이요, 정신의 문을 닫는다. 무지는 개방이요 무죄이며 어린아이의 정신이다.

숭산 국제선원 무상사 조실 대봉스님은 이런 말씀을 하셨다. "시작과 끝은 같다. 당신은 이렇게 묻는다. '나는 무엇일까?' 선禪 수행은 자신을 바라보는 훈련이다. 나는 무엇인가? 이 몸, 내 생각, 내 감정, 내 일, 내 가족, 내 나라인가? 가르침을 따라 이 질문을 파고들면 결국 당신은 모른다는 사실에 도달한다. 바로 이 모르는 정신이야말로 완전히 열려 있고, 열려 있기에 모든 것을 자기 안에 둔다. 그것은 생각 이전에 오는 상태이다. 생각 이전에 오는 그 상태를 유지한다면 나와 세상은 둘이 아니다."

인간은 모든 것을 이해하고 파악하려 한다. 참 멋진 일이지만, 인간의 지성은 무한한 우주에서 먼지 한 톨도 안 될 만큼 빈약하다는 사실을 깨달아야 한다.

한정된 지식으로
우주를 파악하려 하면
실패할 수밖에 없다

손으로 공기를 붙들려는 것과 같다. 오히려 손을 펴면 모든 것이 손에 들어온다. 무지에 몸을 맡기고 단순한 경험에 온전히 마음을 연다면 당신은 무한해진다. 열린 정신이야말로 자신에게 이르는 가장 직접적인 길이다.

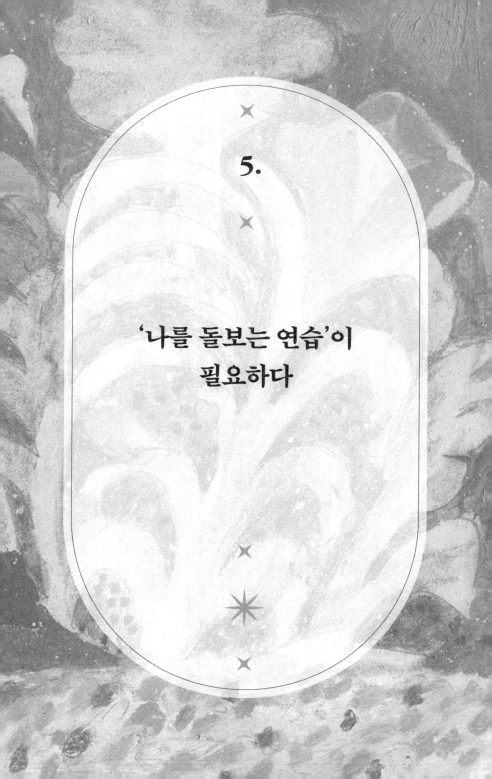

5.

'나를 돌보는 연습'이
필요하다

마음은 어떤 방향,
어떤 얼굴로도 가능하다

명상은 마음 수행이다. 특히 명상을 시작한 초기에는 더욱 그렇다. 명상은 마음을 우리에게 유익하도록 훈련한다. 마음이 일상에서 우리를 도와 즐겁고 만족스러운 삶을 살 수 있도록 훈련시키는 것이다. 그 반대의 상태라면 이미 넌더리 나도록 경험했다. 부정적인 생각에 빠져 허우적거릴 때, 자괴감과 자기비하로 괴로울 때, 지나간 일을 곱씹으며 후회할 때, 절대 오지 않을 불행한 미래를 상상할 때 마음이 어떤지, 우리는 너무도 잘 안다. 이렇듯 마음은 해결책을 제시할 수도, 문제에 빠져 길을 잃을 수도 있다. 마음은 우리에게 용기를 주기도, 자괴감의 나락으로 밀어버리기도 한다. 마음은 관대할 때도, 탐욕스러울 때도 있다. 어떤 방향, 어떤 얼굴도 다 가능하다. 그렇기에 우리의 삶과 세상에 유익하도록 마음을 닦을 필요가 있다.

내가 만난 모든 불교 종파는 마음 수행을 주춧돌로 삼는다. 물론 각파마다 접근 방식은 상이하다. 대표적인 몇 가지만 들어봐도 티베트불교의 마음 수련법 로종Lojong, 티베트 고승 게셰 랑리 탕빠가 쓴 마음을 닦는 여덟 가지 게송揭頌(수심팔훈修心八訓), 대승불교와 선불교의 여러 정신수행법, 사띠빳타나 숫따(사념처四念處 수행) 등이 있겠다. 하지만 목표는 근본적으로 같다. 마음을 닦고 의식을 확장하는 것이다.

불교 이론과 수행에서 마음 수행은 항상 특수한 형태의 마음을 훈련(바와나bhāvanā)하는 일이다. 하지만 문화적 맥락 없이 이들의 교리를 이해하기는 힘들기에 여기서는 마음의 정수를 세 가지 성품으로 요약하여 이해와 실천을 돕고자 한다. 세 가지 성품은 안정된 마음, 맑은 마음, 평화로운 마음이다. 이러한 마음 상태는 명상과 마음챙김으로 닦을 기본 성품이기도 하다. 명상을 통한 자기인식뿐 아니라 일상생활에서도 매우 중요한 성품이다.

명상을 통한 마음 수행은 스포츠와 비슷하다. 스포츠는 (가장 중요한 즐거움을 제외하면) 몸을 단련시키려는 목적이 있다. 운동하면 몸이 건강해지고 에너지가 생긴다. 운동이 지구력, 힘, 조절 능력을 키우듯 명상은 마음의 안정과 평화를 키운다.

안정된 마음,
흐트러진 마음을 집중시키다

안정된 마음은 정신을 장시간 한 가지 대상에 집중시킨다. 안타깝게도 현대사회에서는 이 '집중'이라는 말이 수많은 부정적 연상을 불러일으킨다. 가령 우리는 집중이라는 말을 들으면 '학교, 노력, 열심히' 같은 말을 먼저 떠올린다. 학교 시스템에 편입되기 전에는 거의 모든 인간이 활기차고 행복하며 자유롭다. 하지만 사회가 구축한 시스템에 발을 들이는 순간 가만히 앉아서 집중해야 한다. 어떤 아이가 좋아하겠는가? 집중이 이처럼 무겁고 고단하고 힘이 드는 일을 연상시키는 이유는 단 하나, 우리가 흥미 없는 일에 집중해야 했기 때문이다. 절대로 집중 그 자체가 불쾌하기 때문은 아니었다.

아니, 그 반대이다. 흥미 있는 일에 고도로 집중하면 반드시 몰입flow을 경험한다. 모든 것이 물 흐르듯 편안하게 흐르고 우리도 그 물결과 함께 흐른다. 몰입 연구의 아버지 미하이 칙센트미하이Mihaly Csikszentmihalyi는 이 상태를 저서 《몰입》에서 인상 깊게 설명한 바 있다.[8] 스포츠 선수들이 고도로 집중한 상태를 '존에 들어갔다in the zone'고 부르기도 하는데, 이는 달리 표현하자면 진정한 환희이다. 몰입의 상태는 (열정 및 그로 인한 행복 호르몬과 짝을 지어) 고도로 집중한 (안정된) 마음일 때라야 가능하다.

집중, 그러니까 마음의 안정은 어떤 활동에 깊이 들어가서 말 그대로 그 활동과 하나가 되도록 만들어준다. 분명 모두가 그런 기분을 잘 알 것이다. 어떤 일에 푹 빠져서 열정을 다할 때 시간이 사라지는 것만 같은 그런 기분 말이다. 재미난 책을 읽을 때, 친구와 미친 듯 수다를 떨 때, 운동을 열심히 할 때, 그냥 나무 위에 앉은 새의 노래에 귀를 기울일 때도 우리는 몰입한다. 완전히 푹 빠져서 시공간을 잊고 피로하지도 배가 고프지도 않으며 심지어 옆에서 누가 불러도 듣지 못한다. 몇 분이 걸리건 몇 시간이 걸리건 상관없다. 다시 정신을 차리고 그 기분에서 빠져나오면 방금 경험한 일, 방금 했던 일이 너무나도 만족스러워 마음이 흐뭇해진다.

그러나 대부분 사람은 매일매일 정반대의 흐름을 경험하느라 바쁘다. 스마트폰과 소셜미디어, 크고 작은 온갖 문제들에 정신이 팔려 지금 눈앞에서 벌어지는 일에 도통 집중하지 못한다. 따라서 집중력은 주의력이 자주 흐트러지고, 혼란과 불만을 안기는 소란스러운 일상에 대응하는 멋진 비책이 아닐 수 없다.

누군가 당신에게 온전히 집중해줄 때 밀려드는 황홀감을 잘 알 것이다. 인간관계에서도 집중은 성공의 비법 양념이다. 당신이 주변 사람들에게 줄 수 있는 가장 값진 선물은 관심이다. 마음이 안정되면 상대의 말에 귀를 기울이고 그의 감정에 공감할 수 있다. 분별하지도 않고, 상대의 말이 미처 끝나지 않았는데 내가 할 말부터 고민하는 성급한 짓도 하지 않을 것이다.

직장 생활도 마찬가지다. 집중력은 승진의 지름길이다. 온갖 것에 다 신경을 쓰면서 마음을 흐트러트리는데 어떻게 성공하겠는가? 마음이 안정되고 맑아야 진짜 중요한 일에 집중력과 에너지를 쏟을 수 있고, 당연한 결과로 승진과 만족이 따른다.

그뿐만이 아니다. 안정된 마음은 명상할 때에도 더 깊은 깨달음의 열쇠가 된다. 호흡 두 번에 다시 일상의 근심 걱정이 되돌아온다면 현실의 본성을 '더 깊이' 바라볼 수 있을 리 없다. 마음이 안정되면 한 호흡 한 호흡 명상 대상을 더 깊이 관찰할 수 있다. 몸도 긴장을 풀고 에너지 시스템도 조절되어 더 깊이 바라보고 이해하게 된다.

나 또한 명상을 매일 할 때, 특히 수행을 열심히 할 때 더 빠르게 마음을 가라앉힌다. 그런데 명상을(특히 수행을) 마치고 나면 아주 재미있는 현상을 경험한다. 수행 때는 며칠, 심지어 몇 주씩 매일 10~16시간씩 명상하면서 말을 한마디도 하지 않고 불필요한 외부 정보와도 접촉하지 않는다. 그러다가 다시 스마트폰과 미디어, 스트레스와 문제가 산적한 혼돈의 세상으로 되돌아오면 뉴스건 대화건 그 어떤 정보라도 마음의 안정을 조금씩 뒤흔든다는 느낌을 받는다. 일상의 자극들이 다시 생각하라고 내 마음을 채근해댄다. 그 모습을 평화롭게 지켜보노라면 참 재미있다. 매일 명상을 생활화한 덕분에 마음은 평화롭지만 나는 예나 지금이나 사원寺院에서의 삶과 '보통' 사회의 삶이 아주 다르다고 느낀다. 지금 중요한 일에 마음을 모으는 능력은 수행뿐만 아니라 일상생활에서도 큰 도움을 준다.

마음을 안정시키려면 두 가지가 필요하다. 시간과 반복이다. 몸을 단련시키려면 역기를 계속 들었다 놨다 해야 하듯 우리의 마음도 계속해서 집중 훈련을 해야 한다. 헬스장에 서너 번 갔다고 아널드 슈워제네거 같은 근육질이 될 수 없고, 운동장 한 바퀴 돌았다고 바로 마라톤에 출전할 수 없다. 마음도 마찬가지이다. 명상 한번 했다고 바로 마음의 평화와 심오한 경험이 찾아오지는 않는다. 명상으로 마음을 호흡에 집중하는 것은 역기를 드는 일과 똑같다. 중력 대신 수많은 일상의 잡다한 생각들에 반기를 드는 것이 다를 뿐이다. 반복하고 또 반복하면 '집중력의 근육' 역시 몸의 근육과 같이 튼튼해진다.

나는 시간 낭비를 극히 혐오하는 사람이었다. 물론 정도에 차이는 있지만 지금도 그렇기는 하다. 그러나 예전에는 정말 1분 1초도 허투루 보내지 않으려 했다. 마트에서 줄을 서거나 병원에서 대기하는 시간은 그야말로 아깝고 따분한 시간이었다. 기다리는 것 자체가 고문이었으니 말이다.

그러나 명상과 친해진 후로는 그 시간을 유익하게 보낸다. '따분한 순간'을 집중력 강화에 활용하는 식이다. 굳이 명상 방석이 필요치 않다. 기다리는 곳이 어디건 가장 중요한 훈련 도구가 있다. 바로 호흡이다. 덕분에 예전 같으면 지루하고 따분하기만 했을 시간이 가장 멋진 순간으로 변모하였다. 1분도 좋고 10분도 좋다. 나는 자유 시간이 오면 무조건 호흡에 집중하며 그 순간에 빠져들었다. 이 훈련 덕분에 불안과 불만으로 헛되이 버리고 말았을 수많은 시간을 알차게 활용할 수 있었다.

의식적으로 호흡하며 마음에 안정을 취한다.
호흡을 의식적으로 알아차릴 수 있는 곳이라면
어디서나 마음을 안정시켜 삶을 풍요롭게 만들어보자.
마음이 딴 데로 가거든 다시 긴장을 풀고
편안하게 호흡에 집중한다.

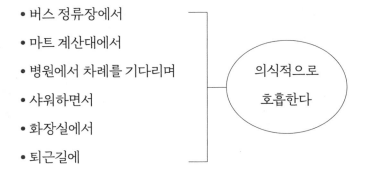

- 버스 정류장에서
- 마트 계산대에서
- 병원에서 차례를 기다리며
- 샤워하면서
- 화장실에서
- 퇴근길에

의식적으로 호흡한다

맑은 마음,
세상을 바라보는 태도를 결정하다

안정된 마음과 더불어 명상이 선사할 두 번째 선물은 맑은 마음이다. 명상을 하면 우리는 사물을 보다 명료하게 본다. 마음이 맑다는 것은 일상의 경험을 더 세분화하여 인식한다는 의미이다. 다시 말해 자기 생각과 감정, 남의 감정을 보다 의식적으로 파악할 뿐 아니라, 더욱 세밀하게 구분하는 것이다.

마음챙김 아카데미에 참가한 한 여성의 사례를 들어 설명해보려 한다. 편의상 그녀의 이름을 마리아라고 불러보자. 마리아는 자신의 삶을 "물밀 듯 밀려드는 바깥세상의 온갖 요구에 부응하려는 절망적 노력"이라고 표현했다. 아침에 눈을 뜨면 제일 먼저 스마트폰의 알람을 끄고 곧바로 밤새 도착한 뉴스를 찾아 읽는다. 그러고는 거의 자동으로 메일함을 연다. 이미 그녀의 맥박은 빨라졌다. 보나 마나 오늘 하루도 고단하고 힘들 것이 뻔하기 때문이다. 숨 돌릴 틈도 없이 이불을 박차고 나와 샤워를 하고, 빵 한 조각과 커피 한 잔으로 대충 아침을 때운 후 허둥지둥 옷을 챙겨 입고 오늘 만날 첫 고객에게 향한다. 오전은 주로 외근이라 오전 내내 고객들을 찾아다니고, 이동하는 차 안에서도 쉬지 못하고 전화로 용무를 본다. 몇 번의 흡연 시간을 빼면 휴식은 전혀 없고, 담배를 피우는 시간조차 스마트폰에서 눈을 떼지 못한다.

오후는 사무실에서 보내지만 대부분 미팅과 상사 면담이 잡혀 있기에 역시나 숨 쉴 틈이 없다. 퇴근길에는 편의점에서 즉석식품을 사서 전자레인지에 데워 TV 앞에 앉아서 후다닥 먹고는 내일 출근 걱정에 불안한 마음과 두통을 달고서 파김치가 된 몸을 침대에 누인다. 이따금 편두통이 너무 심해서 약을 먹지 않으면 진정이 안 된다. 그렇게 그녀는 대부분의 일상을 무의식적으로 흘려보낸다. 아침이면 큰 파도가 밀어닥쳐 그녀를 낚아채었다가 밤이 되면 종일 끌려다니느라 지쳐 녹다운된 그녀를 해안가에 뱉어놓고 가버리는 모양새다. 매일 똑같다. 매일 파도가 밀어닥친다. 그것이 그녀의 삶이다.

내가 보기에 대부분의 삶이 마리아와 같다. 삶의 전쟁터에서 다시 빠져나올 길을 우리는 알지 못한다. 나는 마리아에게 숙제를 내주었다. 한 달 동안 자신의 경험을 보다 명료하게 관찰하라는 숙제였다. 준비 도구로 나는 그녀에게 의식의 여섯 층위를 소개하고(9장 참고), 이제부터 모든 경험을 어느 층위에 해당하는지 분류해보라고 부탁하였다.

경험의 산책

하루 시간을 내어서 숲을 거닐어보자. 산책하는 내내 밀려드는 모든 감각 인상sensory impression이 여섯 가지 층위 중 어디에 해당하는지 분류해보자. 인식을 조종하려 하지 말고 다가오는 인상을 있는 그대로 받아들이려 노력한다. 자기인식의 조용한 관찰자가 되어본다.

- 눈을 뜨면 무엇이 보이는가? (바깥에서 본다)
- 주변에서 어떤 소리가 들리는가? (바깥에서 듣는다)
- 피부에 와 닿는 느낌은 어떤가? 온기? 냉기? 바람? (바깥에서 느낀다)
- 눈을 감으면 어떤 이미지가 떠오르는가? (안에서 본다)
- 어떤 생각이 솟구치는가? (안에서 듣는다)
- 몸에서 어떤 일이 일어나는가? 어떤 기분이 드는가? 몸의 정확히 어떤 부위에서 그 감정을 느끼는가? (안에서 느낀다)

경험의 산책 훈련을 마친 뒤 자신의 경험이 어떻게 달라지는지 잘 살펴보자. 밥을 할 때, 누군가와 이야기를 나눌 때, 차를 탈 때 아마 당신은 훨씬 더 의식적으로 인식하는 자신을 발견할 것이다.

맑은 정신은 무엇보다 내면 듣기 및 보기와 관련이 있다. 따지고 보면 이 두 가지가 마음의 직접적 인지를 구성하기 때문이다. 지금 눈을 감고 무슨 일이 일어나는지 살펴보자. 특정한 생각이 들리는가? 생각에 담긴 내면의 목소리가 들리는가? 어떤 성질의 목소리인가? 아마 이미지도 떠오를 것이다. 떠오르지 않는다면 지난번 휴가 때를 떠올려보라. 당장 이미지가 등장할 것이다. 눈을 감고 그 내면의 소리와 이미지에 다가가보자. 이 간단한 훈련만으로도 당신은 맑은 정신 훈련을 시작한 셈이다.

마리아도 이 훈련법을 시작했지만 보다 명료하게 세상을 인식하기까지는 제법 시간이 걸렸다. 그래도 매일 쉬지 않고 열심히 명상한 덕분에 일상생활에서 훨씬 더 쉽게, 무엇보다 훨씬 더 자주 내면의 목소리를 들을 수 있었다. 몇 주가 지나자 그녀는 이렇게 고백했다.

"제가 아침부터 부정적인 생각(내면 듣기)을 너무나 많이 하더라고요. 전혀 몰랐어요. 아침에 눈을 뜨면 제일 먼저 드는 생각이 이거였어요. '아, 오늘 하루를 또 어떻게 버티나…….' 그 목소리와 감정에 귀를 기울여야 했는데, 딴청 부리느라 바로 스마트폰부터 집어 들었죠. 뉴스를 보고 싶은 마음이 전혀 없었는데도 말이에요. 메일함을 연 것도 사실은 오늘 또 무슨 일이 일어날까 겁났기 때문이에요(내면의 느낌)."

마리아의 일상은 여전히 고단하지만 그래도 그사이 그녀에게는 몇 가지 변화가 생겼다. 우선 눈 뜨자마자 스마트폰을 들여다보지 않으려고 알람 시계를 샀다. 그리고 일어나자마자 명상을 한다. 이따금 이럴 시간이 없다고 재촉하는 목소리가 들리지만, 맑은 정신으로 그 목소리를 파악하고 계속해서 명상을 이어간다. 그편이 자신에게 유익하다는 사실을 잘 알기 때문이다. 얼마 전 명상 수업시간에는 이런 말을 했다.

"지난주에 진짜 재미난 경험을 했어요. 사장님과 연례 면담을 앞두고 있었거든요. 평소 같으면 엄청 스트레스를 받았을 텐데, 이번엔 제 생각과 마음의 이미지를 유심히 바라보았어요. 제가 전날 저녁부터 계속해서 무의식적으로 상상을 하고 있더라고요. 사장님이 저를 야단치는 모습을요. 어떻게 스트레스를 안 받겠어요. 그래서 선생님께 배운 대로 명상했더니 많이 좋아졌어요. 이튿날 눈을 뜨자마자 '헉, 오늘이 면담 일이야!'라는 생각이 들었지만, 일부러 딴 곳으로 정신을 팔지 않고 그 생각을 지켜보면서 그냥 내버려두었어요. 그렇게만 했는데도 훨씬 마음이 편하더라고요. 출근길에도 계속해서 마음이 면담 장면을 이렇게 저렇게 상상했어요. 하지만 그 마음을 의식적으로 인식하고 그것이 그저 상상에 불과하다고 상기했더니 상태가 크게 나빠지지 않았어요. 물론 그래도 신경은 곤두섰죠. 면담 시간에도 맑은 정신을 유지할 수 없었어요. 그래도 작년에 비하면 정말 백배는 더 편안했어요. 이 방법을 처음 써먹어봤는데 말이에요."

맑은 마음이 왜 그렇게나 중요할까?
아주 단순하다. 생각과 내면 이미지가

당신의 온 삶을 좌우한다.

그것이 당신의 감정, 경험, 행동과

세상에 대한 반응을 좌우한다.

질문을 달리해보자. 마음이 맑지 않다면 어떨까? 당신이 요리사라고 가정해보자. 그런데 모든 양념이 똑같이 생긴 통에 들었다. 양념 이름을 써 붙이지도 않았다. 그렇다면 당신은 수프 냄비에 뭔가를 넣으면서도 그것이 무엇인지 알 수 없다. 소금인지 후추인지 카레인지 설탕인지 도무지 알 도리가 없다. 당연히 음식 맛도 그때그때 집어넣은 양념에 따라 달라진다. 대부분의 사람이 인생을 그렇게 산다. 인생의 기본 요소가 무엇인지도 모르면서 자기 인생이 왜 이 모양인지, 왜 '맛'이 없는지 놀라워한다. 완전히 무의식적으로 인생을 만들어간다. 인생의 기본 요소를 명확히 인식하면 맛난 수프를 끓일 수 있다.

평화로운 마음, 삶의 방향성을 설정하다

안정된 마음과 맑은 마음에 이어 명상이 선사하는 세 번째 품성은 평화이다. 사실 우리는 모두 평화를 바란다. 바깥세상의 평화는 물론이고, 무엇보다 자신과의 평화, 마음의 평화를 기원한다.

오래전 나 역시 편안해지고 싶다는 간절한 바람이 있었다. 당시 나는 그 바람을 투쟁으로 이루려 했다. 말이 안 되는 소리 같고, 실제로도 말이 안 된다. 나는 싸워서 모두에게 잘하고 싶었다. 그러면 스트레스가 사라질 것이라 믿었다. 나 자신을 가혹하게 몰아세우면서, 기대에 부응하면 평화를 찾을 것이라고 되뇌었다. 나는 나의 감정과 싸우고 불안과 싸우면서도 타인의 요구, 나의 요구를 만족시키면 결국엔 평화가 찾아올 것이라고 굳게 믿었다.

당신도 알다시피 그 전략은 먹히지 않았다. 그런데도 우리는 왜 여전히 그토록 혹독하게 싸울까? "병마와 싸우다." "싸워 이기다." 우리는 흔히 그렇게 말한다. 그러나 진실은 슬프게도 싸움은 항상 고통을 준다. 평화를 결정해야 평화가 찾아온다. 주먹을 휘두르며 삶을 헤치고 나아가면 절대 평화가 찾아오지 않는다. 평화는 세상을 오래오래 평화롭게 마주할 때 생기는 것이다. 평화는 (실제로!) 결정이다. 스님과 무사의 옛이야기가 말해주듯 평화는 우리의 선택이다.

스님과 무사

어느 날 유명한 무사가 황제의 명을 받고 산중의 절에 스님을 찾아갔다. 무사는 중무장한 채로 으스대며 절로 들어갔다. 그러고는 스님에게 물었다. "스님, 극락은 뭐고 지옥은 뭡니까?" 스님이 고개를 들고 무사의 얼굴을 빤히 쳐다보다가 무시하는 투로 대답했다. "자네가 극락은 알아서 뭐할 것이며 지옥은 알아서 뭐할 것이야. 자네 같은 사람에게는 가르쳐줄 수 없네. 진리를 가르쳐줘봤자 알아듣지도 못할 것을. 썩 꺼지게."

그런 대접을 받아본 적 없는 무사는 당장 칼을 빼 들었다. "내가 누군 줄 알긴 하느냐? 나는 황제를 지키는 경호무사다. 나는 황제께 직접 하명을 받고 여기에 왔다. 내 밑으로 부하만 몇백이야. 그런데 감히 네놈이 나를 무시해?" 분노에 눈이 먼 무사가 칼을 치켜들고 스님의 머리를 베려 하였다.

그 순간 스님이 무사의 눈을 똑바로 보며 부드럽게 말했다. "그것이 지옥이네."

스님의 말에 감동한 무사는 눈물을 흘렸다. 자신에게 가르침을 주려고 목숨까지 내어놓은 스님의 헌신을 깨달은 것이다. 깊이 감동한 무사는 칼을 다시 꽂고 감사의 절을 올렸다. 그러자 스님이 평화롭게 말했다. "그것이 극락이라네."

평화는 우리가 매일매일 내릴 수 있는 결정이다. 우리 세미나 참가자들은 마지막 날 "나는 평화를 결정한다"라는 만트라가 적힌 작은 상자를 기념 선물로 받는다.

"나는 평화를 결정한다."

- 자기 몸과 싸우지 않고 평화롭게 대하기로 결정한다.
- 자신을 비하하지 않고 흠과 결점을 평화롭게 받아들이기로 결정한다.
- 자신의 감정을 외면하거나 억누르지 않고 평화롭게 받아들이기로 결정한다.
- 근심 걱정이 밀려들거든 그 생각마저 평화롭게 받아들이기로 결정한다.
- 자신이 만족스럽지 못하더라도 자신을 평화롭게 대하기로 결정한다.
- 만사 되는 일이 없더라도 자신을 사랑하기로 결정한다.
- 평화롭게 늙어가기로 결정한다.
- 예민한 자신의 모습을 평화롭게 인정하기로 결정한다.
- 당연히 받아야 하는 것을 받지 못한다 해도 평화롭게 살기로 결정한다.
- 이 세상에는 절대 갖지 못할 것이 있다는 사실을 평화롭게 받아들이기로 결정한다.
- 자신의 죽음을 평화롭게 받아들이기로 결정한다.
- 갈등으로 화가 나도 마음의 평화를 잃지 않기로 결정한다.

언제 어디서나 평화를 선택할 수 있다. 평화를 선택하라고 해서 무조건 다 받아주고 하릴없이 앉아 명상만 하라는 소리가 아니다. 실제로 세미나에서 제일 많이 듣는 질문이다. "평화롭게 받아들이는 것과 항복하는 것이 뭐가 다른가요?"

많은 사람이 평화협정 체결을 곧바로 패배 혹은 투항으로 해석한다. 지금껏 원하는 결과가 나올 때까지 싸우기만 했기 때문이다. 하지만 그런 태도에는 문제가 있다. 이 세상에는 아무리 노력해도 얻지 못하는 것이 많다. 세상만사에는 나름의 의지를 가진 타인이 개입하기 때문이다. 혹은 아직 때가 되지 않았을 수도 있다. 모든 싸움은 자동으로 긴장과 스트레스를 유발한다. 인생을 지금과는 다르게 변화시키려면 열심히 싸워야 하고 그 결과 무의식적으로 스트레스에 시달린다. 삶은 어때야 한다는 목표를 미리 정해놓으면 그 목표가 달성될 때까지 무조건 싸워야 한다.

물론 살다 보면 끝까지 고수해야 할 일도 있다. 그러나 그마저 평화롭게 할 수 있다. 평화를 결정하면 지금 이 순간으로 돌아가, 사물을 있는 그대로 보게 된다. 평화를 결정한다는 것은 지금의 현실과 싸우지 않고 있는 그대로 받아들인다는 뜻이다.

인생의 희비극은 현실이 현실이라는 사실이다. 싸우건 평화를 선택하건 상황 그 자체는 변치 않는다. 다만 싸움을 택하면 긴장하며 스트레스를 받고, 평화를 선택하면 긴장을 풀고 맑고 차분한 마음으로 행동하거나 반응한다.

평화롭게 받아들이면

자신과, 세상과 싸우느라 낭비했던

에너지가 돌아온다.

　평화의 선택은 출발선과 같다. 그 선에 서서 우리는 해야 할 일이 있는지를 판단할 수 있다. 있다면 행동하고, 없다면 그냥 평화롭게 있으면 된다.

　받아들임과 항복의 차이를 한 번 더 강조하기 위해 예를 하나 들어보려 한다. 당신이 비만인데 그 사실을 평화롭게 받아들인다고 가정해보자. 그 말이 앞으로도 계속 뚱뚱하게 살아야 한다는 뜻은 절대 아니다. '이미 이 모양 이 꼴이니 이대로 살 것'이라는 뜻도 아니다. 그저 자신을 사랑과 평화로 대하며 지금의 모습을 인정하고 수긍한다는 뜻이다. 세상이 바라는 이상형에 부합할 때에만 자신을 받아들인다는 생각은 틀렸다. 세상이 정해놓은 이상형은 그 누구도 100퍼센트 맞출 수 없다. 당신은 지금 이대로도 충분히 괜찮다. 즐거운 마음으로 운동하고 몸에 좋은 음식을 먹으면 좋지만, 압박감 때문에 억지로 그래서는 안 된다. 그래야 운동도, 맛없는 음식도 즐거운 마음으로 먹고 즐길 수 있다.

　실직해도 마찬가지이다. 평화를 택하라고 해서 앞으로는 일하지 말고 동굴로 기어들어 가 없는 듯 살라는 말이 아니다. 실직이 안겨준 고통스러운 감정을 평화롭게 받아들이라는 뜻이다. 그 과정에서 떠오른 생각을 평화롭게 대하라는 뜻이다. 마음이 평화로워야 앞으로 어떻게 할지 생각을 정리할 수 있고 그 길을 걸어갈 에너지가 생긴다.

병이 들었어도 운명을 받아들이고 한숨만 쉬고 있어서는 안 된다. 공평하지 않은 인생도 평화롭게 받아들여보자. 긴장이 풀리면서 면역계가 튼튼해지면 에너지가 샘솟아 치료에도 도움이 될지 모른다.

평화를 선택하라고 해서 싸움이 날 때마다 백기를 들라는 말이 아니다. 분노와 화, 부정적 감정 탓에 함부로 말을 뱉고 고통을 일으키지 말자는 말이다. 평화로운 태도는 어떤 말을 할지 결정하도록 해준다.

평화와 수용은 건강하고 지속적인 변화의 조건이다. 이 순간을 있는 그대로 받아들이자는 결정이 바탕에 깔려 있다. 그래야만 현명하게 행동하고 의식적으로 삶의 방향을 찾을 기회가 온다. 평화는 출발점이다.

몰입이 뇌와 신체에
일으키는 변화

우리는 인류사에서 유례없는 아주 특별한 시대를 산다. 과학과 영성이라는 도무지 어울리지 않는 두 분야가 점차 서로를 향하니 말이다. 명상이 서구사회에까지 진입한 중요한 이유도 과학이 간헐적으로 명상할 때의 수많은 긍정적 효과를 입증하기 때문이다.

불과 100년 전만 해도 인류는 허기를 면하려고 전전긍긍했다. 하지만 몇십 년 전부터 주요 문제가 달라졌다. 우울증과 불안장애, 수면장애, 번아웃이 마음을 괴롭히고, 과식과 인스턴트 섭취로 각종 '문명 질환'이 몸을 괴롭힌다.

그에 따라 학자들은 심리적 '회복탄력성'을 높일 방법을 열심히 찾았고, 종내에 명상과 마음챙김에 눈을 돌리게 되었다. 영성에 관심이 없는 일반인들까지 명상하는 승려나 수도사들의 경험에 매료된다. 특히 심리학·신경학·의학 분야에서 명상이 뇌와 신체에 일으키는 변화에 주목한다.

명상의 과학적 측면에는 당신도 흥미를 느낄 테고, 나 역시 명상의 모든 면을 살피고 싶다. 솔직히 영성을 키우고자 명상하는 사람은 그리 많지 않다. 그러니 많은 사람이 규칙적으로 명상을 하는 데에는 분명 또 다른 아주 실질적인 이유가 있을 것이다.

독일에서는 전체 인구의 6퍼센트가 정기적으로 명상을 한다는 연구 결과가 나와 있다. 비율만 봐서는 적어 보이지만 숫자로 따져보면 무려 546만 명이나 된다. 여기에 앞으로 명상을 하고 싶다는 12.4퍼센트까지 더하면 명상에 관심을 가진 독일인은 무려 1570만 명에 이른다. 이들 거의 모두(95퍼센트)가 명상이 삶을 풍요롭게 한다고 말했다.

그렇다면 명상을 하면 정확히 뭐가 좋을까? 이 질문의 대답으로, 나는 명상의 효과와 관련된 무척이나 재미난 연구 결과들을 소개하고자 한다. 먼저 신체에 미치는 긍정적 효과부터 살펴보기로 하자.

질병을 통제할 수 있다는 기분

알다시피 건강은 몸에 좋은 음식에서 시작한다. 명상은 몸에 어떤 영양소가 필요한지를 본능적으로 알도록 해 식습관을 개선시킨다. 2016년에 나온 연구 결과를 보면 명상은 진짜 공복과 특정 식품을 향한 욕망을 구분하는 감각을 키운다.[9] 명상이 가르치는 마음챙김이 자기통제와 자기감각을 키우기 때문이다. 따라서 참기 힘든 공복감이 자동으로 줄어든다.

다이어트와 운동 프로그램에 마음챙김 수행을 병행하는 것역시 효과가 크다. 한 연구 결과에 따르면 마음챙김 수행을 한 참가자의 고혈압, 당뇨, 콜레스테롤 수치, 허리둘레가 수행하지 않은 참가자에 비해 훨씬 많이 호전되었다.[10]

미국심장협회American Heart Association; AHA와 같은 공식 기관들도 혈압 하강 효과를 이유로 명상을 권유한다. 명상과 요가가 혈압을 유의미하게 떨어뜨린다는 사실이 입증되었기 때문이다. 이들 기관은 명상을 약물치료의 효과적이고 안전한 대안으로 본다.[11] 30세에서 70세 사이의 고혈압 환자들에게 두 달간 명상 프로그램과 영성 호흡법을 시행한 독일 뷔르츠부르크대학 연구팀도 참가자들의 혈압이 평균 12퍼센트 감소하였다는 결과를 발표하였다. 이유가 무엇일까? 학자들은 명상이 좁아진 혈관의 긴장을 풀어주고 두뇌의 스트레스 호르몬 분비를 줄이기 때문이라

고 추측한다.[12]

최근에는 명상이 심근경색과 뇌졸중을 예방한다는 연구 결과도 나왔다. 5년 6개월 가까이 200여 명의 환자에게 명상을 시켰더니, 심근경색과 뇌졸중은 물론이고 일반적인 사망률 역시 평균 48퍼센트나 감소하였다.[13]

이뿐 아니다. 명상은 감기도 예방한다. 면역계를 강화하기 때문이다. 2012년 미국의 한 연구팀이 149명의 참가자를 두 집단으로 나누어, 한쪽은 8주 동안 규칙적으로 명상을 시키고 다른 집단은 시키지 않는 실험을 진행하였다. 겨울 동안 이들이 얼마나 자주 병원에 다녔는지 살폈더니 명상을 한 집단이 발병 횟수도 적었고 아픈 정도도 덜했다. 나아가 회복 속도도 빨랐다.[14]

캐나다 캘거리대학의 연구 결과는 거기서 한 걸음 더 나아가 명상이 세포와 유전자에 직접적으로 긍정적 영향을 미친다고 주장하였다. 유방암과 우울증을 앓은 적 있는 88명의 여성에게 명상을 시켰더니, 명상의 스트레스 완화 작용 덕분에 '텔로미어(염색체의 끝부분에 있는 염색소립으로 세포의 수명을 결정짓는 역할을 한다—옮긴이)'의 활동이 더 왕성해졌다.[15] 텔로미어는 유전물질 앞에 서서 체세포를 보호하는 작은 경비병이라고 보면 된다.

이 작은 '텔로미어 경비병'과 관련해서 더 흥미로운 사실은, 몸속 체세포가 죽지 않거나 암세포로 변성되지 않을수록 노화 속도가 느리다는 점이다. 체세포가 젊고 생생하니 우리가 느끼는 기분도 활기차다. 그런 역할을 바로 이 작은 경비병이 담당한다. 물론 녀석들에게는 필요한 식품이 있다. 뽀빠이한테 시금치가 필요하듯 텔로미어엔 텔로머라제 단백질이 필요하다. 이 지점이 중요하다. 2011년 한 연구팀이 밝혀냈듯 명상은 텔로머라제 단백질의 활동을 강력하게 촉진한다. 실험 참가자들에게 3개월 동안 명상을 시켰더니 단백질 활동이 30퍼센트나 더 늘어났던 것이다.[16] 이 단백질은 텔로미어의 수명을 늘려서 체세포를 더 오래 보호하게 하므로, 체세포는 더 오래 건강하고 튼튼해진다.

2016년의 연구 결과에서도 밝혀졌듯, 마음챙김 명상(마음챙김에 근거한 스트레스 완화mindfulness-based stress reduction)은 만성 등 통증에도 효과가 있다. 심지어 의사보다도 더 도움을 주는 것 같다. 병원만 다닌 환자는 통증이 44퍼센트 호전되었지만, 마음챙김 명상 프로그램을 마친 환자들은 60퍼센트나 호전되었다.[17]

명상은 편두통에도 좋다. 8주간의 마음챙김 명상 과정을 마친 환자는 월평균 발병 횟수가 4분의 1로 줄었다. 횟수만 줄어든 것이 아니라 지속 기간도 짧아졌고 통증의 정도도 약해졌다. 당연히 삶의 질이 높아졌고 스스로 질병을 통제할 수 있다는 기분도 커졌다.[18]

중독에도 도움이 된다

냉장고 문을 열고 멍하니 서서 '내가 왜 열었지?' 궁금할 때가 없었는가? 당신만 그렇지는 않으니 일단 안심하자. 더구나 명상이 기억력과 사고력도 키운다니 정말 반가운 소식이 아닐 수 없다.

3개월여만 명상을 해도 바로 효과가 나타난다. 알츠하이머나 기억상실의 기미가 보이는 참가자들도 석 달이 지나자 기억력이 개선되었고 사고력도 회복되었다. 명상 기간이 길어질수록 효과는 커졌다. 6개월이 지나자 참가자들은 기억력이 더욱 개선되었고 집중력도 높아졌으며 반응속도도 빨라졌다. 더불어 수면 행동과 기분, 스트레스 해소 능력도 개선되었다.

흥미로운 결과는 더 있다. 명상은 불안과 스트레스에도 도움이 된다. 한 실험에서는 명상이 편도체(불안과 스트레스를 담당하는 감정 두뇌 부분)의 활동을 감소시킨다는 결과를 얻었다. 그 결과 불안과 스트레스를 느끼는 횟수는 물론이고 강도도 줄었다.[19]

담배를 끊고 싶은가? 그렇다면 명상을 하라! 명상은 중독에도 도움을 준다. 전혀 다른 주제를 연구하던 한 실험에서 참가자들에게 2주 동안 마음챙김과 전신이완 프로그램을 시행하였는데, 결과를 살피던 중 특이한 점이 눈에 띄었다. 흡연자의 흡연량이 60퍼센트나 줄어든 것이다. 흡연을 연구한 실험이 아니

었지만, 명상이 흡연 욕구를 자동으로 줄인다는 사실이 드러난 셈이다.[20]

이렇듯 명상과 마음챙김의 값진 효과를 입증하는 사례는 실로 무궁무진하다. 그렇다고 명상이 털어 넣기만 하면 온갖 병이 다 낫는 만병통치약이나 기적의 알약은 아니다. 시간이 걸린다. 효과가 최대로 발휘되려면 몇 년, 몇십 년에 걸쳐 꾸준히 명상해야 한다. 그러나 하루 10분이면 된다. 10분만 방석에 앉아 있으면 당신은 이 수많은 효과를 몸으로 느낄 수 있다.

마음챙김을 시작할 때 생기는 변화들

- 면역계 강화

- 다이어트 효과

- 심혈관계 조절

- 통증 완화(등 통증, 두통 등)

- 수면 행동 조절

- 노화 방지(특히 뇌세포 노화 속도 지연)

- 스트레스 민감도 개선

- 단기기억력 개선

- 불안 조절(특히 불안장애와 공황장애)

- 우울증 완화

- 트라우마 극복에 도움

- 중독 개선
- 창의력 상승
- 자기통제력과 자신감 상승
- 행복도 상승

정보가 많을수록 더 불안한 이유

두뇌는 받아들인 정보를 처리하고, 필요하면 그 정보를 시스템에 통합시킨다. 정보를 많이 받아들일수록 두뇌가 처리해야 할 일이 늘어나고, 수행에 방해가 된다. 스트레스가 심하거나 감정이 북받치는 날 미디어를 많이 소비하거나 온종일 스마트폰을 끼고 있으면 마음이 더 불안해진다. 평소보다 딴생각도 많고 정신도 더 산란하다. 다이어트를 하려고 운동을 열심히 한 뒤 바로 초콜릿을 먹는 일과 같다.

불교에는 이런 말이 있다. "온종일 남을 해치고 거짓말을 하면 밤에 수행이 잘 안 된다." 요즘 말로 바꾸면 이렇다. "온종일 의미 없이 스마트폰과 TV를 들여다보며 불필요한 정보를 흡수하면 밤에 명상이 잘 안 된다."

그래서 수행 기간에는 정보 유입을 차단한다. 신문도, 미디어도, 책도, 대화도 금지다. 다른 참가자들과 눈을 마주쳐서도 안 된다. 일체의 대화와 정보, 남의 생각은 정보 처리를 담당하는 두뇌에 먹잇감을 던져줄 뿐이다.

알아차림은 맑은 정신을 키운다

의식에서 일어나는 일들을 조금 더 잘 이해할 수 있는 개념을 두 가지 더 소개할까 한다. 명상 수행에 특히 도움이 되는 개념으로, '주의'와 '알아차림'이다.

명상에서 '주의'는 명상 대상을 향한다. 이 책의 경우 호흡이다. 당신은 특정 부위에서, 가령 코끝이나 목에서 호흡을 관찰하고 흉곽이나 배가 오르락내리락하는 감각을 느낀다.

'알아차림'이란 지금 초점을 벗어난 다른 모든 것을 인식한다는 뜻이다. 시각과도 살짝 비슷하다. 시각은 초점을 한 지점에 맞추지만, 동시에 주변의 수많은 다른 정보를 흐릿하게나마 함께 인식한다. 지금 당신의 주의는 이 글자를 향하지만, 다른 감각들이 기능을 멈춘 것은 아니라 발이 좀 차다는 것을 느끼고, 앉아 있는 의자의 감촉도 느끼며, 주변의 냄새와 소리를 맡고 듣는다. 주의를 독서로 향하면서 동시에 알아차림으로 듣고 냄새 맡고 느끼는 것이다. 당신은 이 모든 일을 동시에 할 수 있다. 명상을 꾸준히 하다 보면 명상 대상에 장시간 주의를 쏟는 능력과 함께 알아차림 능력도 확대된다. 그래서 점차 더 많은 감각과 인상을 동시에 점점 더 또렷하게 인지한다. 달리 표현해서 의식이 확장되는 것이다.

앞에서 명상으로 키울 수 있는 세 가지 중요한 능력을 소개한 바 있다. 그중 하나가 맑은 정신이었다. 맑은 정신이란 지금 당신 안에서 일어나는 일을(순수한 감각 인지는 물론이고 감정과 욕망 역시도) 정확히 깨닫는 능력이다. 맑은 마음을 유지하는 능력을 키우면 좋은 점이 한둘이 아니다. 마음이 맑으면 자신을 더 잘 알고, 주변 사람들과도 자신의 감정과 욕망에 대해 더 원활히 소통할 수 있다. 나아가 타인을 더 잘 이해한다.

알아차림은 바로 이런 맑은 정신을 키운다. 시야에서 흐리던 부분이 차츰차츰 선명해지는 것과 같다. 가령 숲속 커브 길에서 운전할 때 당신의 주의는 온통 도로를 향할 것이다. 동시에 당신의 알아차림이 도로 바깥을 인지하여 곧 도로로 뛰어들 것 같은 새끼 노루를 감지한다. 알아차림은 빠르게 당신의 주의를 노루에게 이끌어서 사고를 피할 수 있게 도와준다.

알아차림을 훈련하지 않으면 주의는 이리저리 아무대로나 뛰어다닌다. 알아차림이 탄탄하면 나의 주의는 지금 가장 흥미를 끄는 대상에 굳건히 향한다.

명상이 어려운 사람들을
위한 조언

오래 기다렸다. 이제 드디어 명상을 시작해보자.

전혀 경험이 없어서 어떻게 시작해야 할지 도무지 모르겠다면, 이번 장에서 그 방법을 매우 실질적으로 배울 것이다. 명상 경험이 많아서 '시작'이라는 단어에 거부감이 들더라도 멈추지 말고 계속 읽어보자. 세상 모든 것에는 배울 점과 새로운 경험이 있는 법이니까.

세상 만물이 그러하듯 명상에도 여러 접근 방식이 있지만, 그 모두를 아우르는 공통점이 있다. 근본적으로 명상은 관심을 하나의 대상으로 돌려 그 대상을 점점 더 깊이 관찰한다. 명상 대상은 여러 가지이다. "옴"처럼 간단한 음절(만트라)일 수도 있고 "옴마니반메훔(연꽃 속의 보석이여)"이나 "주여, 긍휼히 여기소서!"

처럼 온전한 문장일 수도 있다. 거의 모든 종교가 특정 단어나 음절을 반복하여 낭송한다. 낭송의 횟수를 세는 데 묵주나 염주, 수브하 등을 사용한다. 이들의 공통점은 반복과 하나의 대상을 향하는 관심이다. 그 대상이 호흡일 수도, 마주 앉은 벽일 수도 있으며, 손에 든 묵주일 수도 있다. 그림을 관찰하거나 초의 불꽃을 바라보거나 내면의 이미지를 따라가도 된다. 한 마디로 이 아름다운 지구의 문화만큼이나 많은 명상 기법이 있다.

'영성spirituality'이라는 말은 라틴어 'spiritus'에서 왔다. 여러 번역이 가능하지만 이 말에는 '호흡'이라는 뜻도 있다. 놀랍지 않은가? 가장 간단한 명상 대상은 나의 호흡이다. 우리는 살기 위해 숨을 쉰다. 거꾸로 숨을 쉬어 자율신경계에 영향을 주어서 스스로 마음을 다스릴 수 있다. 실제로 명상에는 호흡만 있으면 된다. 그러므로 명상이란 당신의 관심을 호흡으로 향하고, 호흡을 일종의 닻으로 활용하여 지금 존재하는 모든 것에 마음을 열고 평화롭게 인식하는 것이다.

생각이 온다. 생각이 간다.
감정이 온다. 감정이 간다.
감각이 온다. 감각이 간다.
숨을 들이마신다. 숨을 내쉰다.

명상이란 분별하지 않고 인간의 모든 경험을 한껏 만끽하는 것이다. 할 수 있는 한 모든 것을 인식한다. 그게 전부다. 물론 세상에서 가장 간단하면서도 가장 어려운 일이다. 우리는 행동의 소용돌이에 휩쓸려 그저 존재하는 법을 잊어버렸다. 하지만 너무 걱정하지 마라. 이제부터 명상의 가장 중요한 실천적 측면을 하나하나 살펴볼 참이니 말이다.

자유 명상과 가이드 명상, 어떤 것이 좋을까?

더 좋고 더 나쁜 것은 없다. 어느 쪽이건 장단점이 있다. 나는 효과를 중시하는 사람이다. 되도록 수강생들에게 도움이 되는 내용을 가르치려 노력한다. 그러다 보니 가이드 명상의 손을 들어줄 때가 많지만, 동시에 가만히 앉아 인지하고 관찰하는 정좌 명상의 팬이기도 하다. 물론 마음이 힘들어서 찾아온 초보자들에게는 이 방법을 권하지 않을 테지만 말이다.

가이드 명상은 명상의 여러 측면을 파악하고 경험하도록 도와준다. 가이드인 나의 역할이라고는 명상자의 관심을 이끌어 이전에는 못 보던 것을 인지하고 경험하도록 만드는 일뿐이다. 평소라면 못 보고 넘어갔거나 의식하지 못했던 길로 이끌어주는 경험 많은 안내인인 셈이다. 그들이 혼자서라면 오랜 시간이 걸려서야 발견했을 곳을 전등을 켜서 환히 비추어주는 셈이다.

당연히 초보자에겐 가이드 명상이 훨씬 수월하다. 정좌 명상보다 집중력이 덜 필요하기 때문이다. 나는 목소리로 명상자들에게 명상 대상에 머물라고, 초점을 그곳에 맞추라고 상기시킨다. 덕분에 그들은 포기하지 않고 경험을 쌓는다.

하지만 처음엔 장점이던 것도 시간이 흐르면 단점이 될 수 있다. 흔히 명상의 효과라고 말하는 집중력 향상은 자유 명상이 더 유리하다. 또 자유 명상은 사물의 진짜 본성을 자유롭게 연구할 여지를 더 많이 제공한다. 특히 정좌 명상은 앞서 설명한 세 가지 능력(안정된 마음, 맑은 마음, 평화로운 마음)을 함양시킨다. 이 능력만 있으면 우리는 혼자서도 깊은 자기인식에 이를 수 있다.

이제 막 명상을 시작하는 사람이 알아야 할 것

명상 장소 | 혼을 쏙 빼놓을 정도로 정신없이 돌아가는 바쁜 세상에서 모두가 휴식과 평화의 장소를 그리워한다. 그래서인지 많은 사람이 교회나 절을 찾고 자연으로 떠난다. 재미나게

도 지금 나 또한 이 책을 쓰기 위해 잠시 묵은 선불교 사원의 명상 방석에 앉아 있다. '재미나다'고 표현한 이유는 내가 수강생들에게는 늘 집에서도 충분히 마음의 평화를 얻을 수 있다고 설교했기 때문이다. 정기적으로 절이나 교회를 다니면서 마음의 평화를 찾는 것도 좋겠지만 반드시 그래야 할 필요는 없다. 우리 집에는 나의 고정 명상 장소가 마련되어 있다. 아주 소박하다. 명상 매트 하나, 그 위에 명상 방석 하나, 그 앞에 초 하나. 더는 필요 없다.

당신에게도 이런 장소를 권하고 싶다. 집에 조용히 혼자 있을 자리를 마련하자. 1제곱미터 정도면 충분하다. 당신의 장소라는 점이 중요하다. 정신을 빼앗길 것도, 아이들도, 배우자도, 애완견도 없다. 이 1제곱미터만은 오직 당신 것이다.

항상 같은 곳에서 명상하면 그 장소에만 가도 두뇌가 휴식과 평화를 떠올린다. 따라서 더 쉽게 더 깊은 명상 상태로 들어갈 수 있고, 스트레스가 심한 날에는 그 장소에만 가도 금방 마음이 가라앉는다. 명상 장소는 아무도 들어오지 않는 방에다 마련하는 편이 좋다. 부엌에 명상 방석을 까는 건, 절대 불가능한 일은 아니겠지만 그리 좋은 생각은 아니다. 별도로 방을 마련하지 못할 때는 아이들이나 동거인, 배우자에게 정해진 시간과 장소에 얼마 동안 출입을 삼가달라고 부탁하면 된다.

명상 장소 체크리스트

- 어떻게 해야 마음이 편안해질까?
- 마음이 편안한 장소를 어떻게 마련할 수 있을까?
- 어떻게 해야 혼자만의 시간과 공간을 확보할 수 있을까?

최고의 시간 | 명상하기 제일 좋은 시간이 언제냐는 질문을 자주 받는다. 나의 대답은 한결같다. 아침이다. 물론 명상은 언제 어디서나 가능하다. 어디서나 의식적으로 호흡한다면 그것이 이미 명상이다. 그러나 자유 정좌 명상을 하기에는 아침이 제일 좋다. 이유는 여러 가지이다.

첫째, 밤에 푹 쉬었기 때문에 정신이 맑고 아직 정보의 홍수와 바쁜 일상이 뇌에 도달하지 않았다. 게다가 아침에는 주위가 조용하기 때문에 더 깊이 자신의 마음으로 들어갈 수 있다.

둘째, 아침은 루틴을 만들기에 가장 쉬운 시간이다. 다들 경험이 있을 것이다. 내일부터는 꼭 운동하자고 굳게 결심한다. 하지만 어영부영하는 사이 하루가 후딱 가버린다. 일에 치이고 아이들 때문에 힘들고 이런저런 의무를 다하느라 눈코 뜰 새가 없었다. 그리고 나서는 완전히 지쳐 소파에 쓰러진다. 양심의 가책이 고개를 들며 운동해야 한다고 채근한다. 하지만 몸을 일으킬 에너지도, 의욕도 바닥이 났다. 오늘만 날인가? 내일부터 하면 되지……. 명상이라고 해서 다르지 않다. 이른 시간에 새로운 루틴을 만들 때 성공률도 가장 높다. 아침에 해치우면 끝난다. 두뇌도 작은 성공을 저장할 테고 말이다.

셋째, 아침 명상은 하루를 밝힌다. 아침에 내면을 들여다보며 안정과 평화를 찾으면 마음도 온종일 이 방향으로 향한다.

물론 그러자면 노력이 필요하다. 모두가 하루의 시작을 마음대로 정할 수 있는 형편도 아니고, 또 평소보다 일찍 일어나려면 의지가 강해야 한다. 아들이 태어난 후 내게도 시련이 닥쳤다. 아기는 밤새 푹 자지 않게 마련이고, 아빠가 명상할 동안에는 울지 않아야 한다고 생각해서도 안 된다. 나는 아이의 리듬을 파악해서 여유시간을 찾았다. 하지만 아기의 리듬이 꾸준히 유지되지는 않았다. 처음엔 아이의 기상보다 한 시간 이른 새벽 5시에 일어나 한 시간 동안 수련을 했다. 한 달 동안은 제법 잘 유지되었다. 하지만 어느 사이 아들 녀석이 나의 기상 시간을 알아차렸는지 자기도 똑같이 하자고 마음먹은 것 같았다. 하는 수 없이 아침 수련 시간을 4시 30분으로 옮겼다. 그런 시절엔 특별한 노력과 헌신이 필요하다. 하지만 돌아보면 이런 때 우리는 가장 많이 성장한다.

물론 수면에는 두 가지 유형이 있다. 일찍 일어나는 아침형 인간과 늦게까지 활동하는 저녁형 인간이다. 다들 본능적으로 자신이 어떤 유형인지 알 것이다. 해가 지면 정신이 초롱초롱해지는 올빼미형이라면 저녁마다 시간을 정해놓고 명상하는 습관을 들여보자. 시간을 까먹지 않게 스마트폰 알람을 설정하자. 저녁 식사를 명상 한 시간이나 두 시간 전에 마쳐야 한다. 배가 부르면 명상이 편치 않을 수 있다.

자신에게 가장 잘 맞는 시간을 찾아보자. 아침에도 저녁에도 마땅한 시간을 낼 수 없던 한 수강생은 매일 퇴근 후 자동차에서 명상을 하고 집으로 들어간다. 그것도 괜찮다. 그는 명상을 하고 집에 들어가면 힘차고 밝은 얼굴로 가족을 대할 수 있어서 정말 좋다고 말했다.

얼마나 오래 할까? | 이 질문에는 정답이 없다. 나라면 한 번의 호흡과 하루 24시간 사이 어디라고 대답할 것이다. 또 나는 가능하다면 언제 어디서나 하루 한 번이라도 의식적인 호흡을 하자고 권하는 편이지만, 기본적으로는 매일 잠시라도 정좌 명상을 하는 것이 좋다고 생각한다. 첫 일주일은 매일 5분으로 시작하자. 알람을 맞춰놓고 알람이 울릴 때까지 절대 일어나지 않는다. 그다음 주는 10분으로 시간을 늘린다. 이번에도 알람이 울릴 때까지 일어나지 않는다. 이 점이 처음에는 매우 중요하다. 당신의 정신은 딴 곳을 헤매며 지금 당장 일어나야 할 수천 가지 이유를 찾아낸다. 밥해야 하는데……, 어제 다 못 한 일이 있는데……, 쓰레기 버려야 하는데……, 아내하고 이야기를 좀 해야 하는데…… 전부 다 명상을 당장 끝내야 할 지당한 이유이

다. 하지만 한 번이라도 허락했다가는 빠져나갈 구멍을 찾은 정신이 앞으로도 '적당한 이유'만 들이대면 당신이 늘 일어서리라 생각한다. 계속 떼쓰고 울면 결국 엄마 아빠의 마음이 약해진다는 사실을 알게 된 아이처럼 말이다. 따라서 예정한 시간을 꽉 채워 앉아 있는 것이 중요하다.

명상 시간은 상황과 목표에 따라 달라진다. 아무 목표가 없다고 해도 명상은 훈련이어서 자꾸 할수록 더 잘한다. 더 많이 할수록 마음이 더 안정되고 맑아지고 평화로워지며, 더 깊은 경험을 하게 된다.

붓다께서 말씀하셨다. 굳게 결심하고 매일 최소 하루 세 시간 명상하면 7년 안에 깨달음을 얻으리라! 물론 깨달음은 언제든(때로 명상을 하지 않아도) 찾아올 수 있고, 다른 수많은 요인(업이나 스승 등)에 좌우되기에 반드시 7년 후에 찾아온다는 보장도 없다. 그럼에도 붓다의 말씀은 결심을 굳히고 헌신적으로 수련하게끔 멋진 동기부여가 되어준다.

내 개인의 권유는 붓다와 다르다. 처음부터 목표를 너무 높게 정하지 말고 천천히 시작하라. 처음엔 오래 앉아 있기보다 리듬을 찾는 일이 더 중요하다. 시간이 지나면서 더 오래 앉아 있고 싶은 마음이 생기거든 그렇게 하라. 저절로 그렇게 될 것이다. 처음부터 시간을 오래 잡으면 스트레스 때문에 금방 포기할 위험이 크다.

어떤 자세로 할까? | 기본적으로 명상은 어떤 자세로도 할 수 있다. 요가, 더 정확히 말하면 아사나(체위, 자세)가 그 사실을 말해준다. 사실 요가는 그 자체로 자기인식의 길이다. 요가에서 신체 동작은 작은 부분에 불과하다. 동작은 원래 명상의 준비 과정이었다. 따라서 요가를 할 때는 각각의 아사나를 정확히 따라하는 수준에서 멈추지 않고 동작과 각 자세에서 명상을 해야 한다. 이렇듯 요가는 결국 명상이 언제 어디서나 가능하다는 진리를 입증한다. 물구나무서기 자세로도, 다리를 뒷머리에 붙이고도, 식당에서 줄을 서서도, 사무실 의자에서도 명상할 수 있다.

이처럼 명상 자세는 유연하지만 동시에 매우 중요하다. 자세가 마음에, 혹은 거꾸로 마음이 자세에 강력한 영향을 미치기 때문이다. 100미터 떨어진 곳에 서 있는 사람도 자세만 보고서 기분이 좋은지 나쁜지 알 수 있다. 명상할 때도 품위 있는 자세가 중요하다.

무조건 몇 시간씩 가부좌를 틀고 앉아 꼼짝도 하지 말라는 말인가? 당연히 아니다. 융통성 없이 몸이 비명을 지르는데도 다리를 억지로 꼬고 비트는 짓은 어찌 보면 잘난 척일 수도 있다. 그렇다 해도 자세는 중요하다. 몸과 마음의 상호작용을 다루는 임바디먼트embodiment의 수많은 연구 결과를 보아도 신체 자세는 마음에, 테스토스테론 대사와 코르티솔 수치 등에 막강한 영향을 미친다.[21]

나는 명상 자세에서 가장 중요한 요인이 품위라고 생각한다. 품위 있는 자세를 취하라. 명상 방석에 앉거나 의자에 앉거나 다르지 않다. 신체 조건이 허락하지 않는다면 매트 같은 곳에 누워도 좋다(물론 누우면 잠들기 쉽다).《마음이 아플 땐 불교 심리학》에서 잭 콘필드^{Jack Kornfield}는 이렇게 권했다. 하루 반나절 왕이나 여왕처럼 걸어보자. 가슴을 쭉 펴고 허리를 꼿꼿하게 세우고 턱은 살짝 치켜든다. 자의식 넘치고 기품 넘치는 왕처럼 행동하자. 자세의 변화가 얼마나 마음에 영향을 주는지 깜짝 놀랄 것이다. 바로 이것을 명상에도 활용하자는 말이다.

지금 이 책을 읽는 당신의 자세는 어떤가? 아마 소파에 앉거나 눕거나 뒹굴고 있을 것이다. 여러 자세를 시험해보자. 똑바로 품위 있게 앉아서 읽어보자. 그럴 때 당신의 마음은 어떤 자세가 되는지 느껴보자. 5분 후에 다시 편안한 자세로 돌아가보자. 등을 구부리고 머리를 어디에 기대거나 턱을 받치고 다리는 편히 의자에 걸친다. 다시 5분 후에는 선 채로 허리를 쭉 펴고 품위 있게 읽어보자. 그다음에는 전통적인 명상 자세로, 기대지 않고 허리를 꼿꼿하게 펴고 읽어본다.

그때그때의 자세에 따라 내면 인식도 달라진다는 사실을 분명히 느낄 것이다. 어떤 자세는 깨우지만 어떤 자세는 졸리게 만든다. 어떤 자세에서는 집중이 잘되고 또 어떤 자세에서는 긴장이 잘 풀린다. 일반적으로는 척추가 바를수록 정신도 맑아진다. 깨인 정신은 명상에 매우 중요하다. 명상을 하는 이유도 결국 졸며 딴생각을 하는 것이 아니라, 인지하고 관찰하여 만물을 알아차리기 위해서가 아닌가.

자신의 자세를 찾는다

장시간 움직이지 않고 버틸 수 있는 자세를 찾는 것이 최우선 목표이다. 불편하거나 고통스러운 자세는 되도록 피한다.

여러 자세를 시험해보자. 땅에 방석을 놓고 그 위에 앉아보자. 가부좌(오른발을 왼쪽 허벅지 위에 얹은 다음 왼발을 오른 허벅지 위에 얹어 앉는 자세)나 반가부좌(한쪽 발을 반대쪽 허벅지에 얹고 반대쪽 발은 반대쪽 허벅다리 밑에 두는 자세)도 좋고, 정 힘들면 평좌(양반다리, 책상다리)도 괜찮다. 일본에서 많이 쓰는 궤좌(사무라이처럼 무릎을 꿇고 앉는 자세)도 괜찮다. 바닥에 앉을 수 없다면 의자에서 자세를 취해도 좋다. 최대한 허리를 쭉 펴고 바르게 앉는다. 자세에서 우러나오는 기품을 느껴보자.

호흡 가다듬기 | 호흡은 심장박동과 더불어 생명체의 기본 리듬을 잡아준다. 호흡 없이는 생명도 없다. 호흡의 리듬을 이용하면 혼잡한 생각과 불안에서 빠져나와 안정된 정신을 되찾을 수 있다. 또 호흡은 자율신경계에 직접 영향을 주므로, 의식적인 이완 호흡으로 온몸을 안정시킬 수 있다.

들쑤신 진흙

한 승려가 제자에게 숙제를 내주었다. 사원 마당에 있는 무릎 깊이의 작은 연못에 들어가 30분 동안 왔다 갔다 하라는 숙제였다. 제자는 스승이 시키는 대로 했고 그러자니 연못 바닥의 진흙이 일어나서 연못 속이 보이지 않았다. 30분이 지나자 스승이 돌아와 물었다. "연못이 맑아지려면 어찌해야겠느냐?"
제자가 걸음을 멈추고 미소를 지었다.
스승이 고개를 끄덕이며 미소를 지었다.

정신의 본성을 언급할 때 자주 들먹이는 옛이야기이다. 한시도 쉬지 않고 바삐 움직이는 하루하루는 호수 바닥의 진흙처럼 머릿속을 들쑤신다. 정신을 원래의 고요로 되돌리려면 어떻게 해야 할까? 아주 간단하다. 아무것도 안 하면 된다. 그러나 이 '아무것도 하지 않기'가 특히 초기에는 결코 쉽지 않기에 호흡을 닻으로 쓰는 것이다. 호흡 말고 아무것도 안 하면 된다.

명상은 지금 여기에서 한다.
호흡은 언제나 현재이다.
미래를 위해 미리 숨을 쉴 수도,
과거에 못다 한 호흡을 지금 쉴 수도 없다.

당신의 호흡은 항상 지금 이 순간과 단단히 묶여 있다. 호흡을 관찰하는 동안에는 정신도 지금과 묶인다.

수련이 깊어지면 호흡만으로도 마음 상태를 깨달을 수 있다. 스트레스가 심할 때는 호흡이 얕고 빠르다. 사우나를 마치고 가만히 누워 있으면 긴장이 풀려 호흡이 깊고 느리다. 나는 호흡 명상에 의지하여 아직 힘든 감정이 올라오지 않았어도 미리 스트레스가 밀려올 시점을 알아차린다. 그러면 바로 개입하여 호흡으로 솟구치는 진흙을 가라앉힌다. 호흡으로 자율신경계에 긍정적 영향을 미쳐 몸은 물론이고 힘든 감정도 조절하는 것이다. 특히 불안이 솟구칠 때 효과가 매우 좋다.

이것 말고도 호흡이 완벽한 명상 대상인 이유는 수없이 많다. 형태가 없고 어디에나 있으며 언제나 사용할 수 있다. 더 열거하지 않아도 아마 당신이 경험으로 제일 잘 알 것이다.

또 한 가지 중요한 점이 있다. 호흡의 실제 감각 인상(코와 목을 스치는 가벼운 바람, 폐의 느낌, 커지는 가슴, 불룩이는 배……)만 관찰해야 한다. 호흡이 당신의 몸에서 지금 어떤 모습일지, 그 상상을 쫓아서는 안 된다. 이 깨달음은 정말로 매혹적이었다. 나는 늘 내가 호흡을 쫓아간다고 생각했다. 그러다 그것이 내가 몸에 투사한 상상 속 이미지였다는 사실을 깨달았다. 우리가 얼마나 현실을 정확히 보지 못하는지, 얼마나 상상을 세상과 자신에 투자하는지를 잘 보여준 깨달음이었다.

20분 호흡 훈련

편한 바지를 입자. 특히 배가 조이면 안 좋다. 더 필요한 것은 타이머와 20분의 시간뿐이다. 타이머는 계속해서 4분에 맞춘다. 이 20분의 시간은 편안한 휴식을 선물할 것이다.

품위 있게 똑바로 앉는다. 당신이 정수리에 줄이 달린 인형이라고 상상해보자. 누군가 그 줄을 살짝 위로 당겨 당신을 똑바로 앉힌다. 어깨는 뒤로 젖혀 편안하게 힘을 뺀다.

당신은 지금 큰 바다가 내려다보이는 해안가 바위에 앉아 있다. 저 아래로 바다가 훤히 보인다. 먼 수평선에서 파도가 일어 빠르게 해안으로 밀려왔다 다시 밀려간다.

이제 파도와 같이 자신의 호흡을 따라가보자. 호흡은 평생 파도처럼 규칙적으로 일었다 사라지고 밀려왔다 밀려가면서 당신의 몸에 기본 리듬을 선사한다. 바다와 파도를 쳐다보듯 이제 자신의 호흡을 가만히 바라본다. 억지로 어떻게 해보려 하지 말고 놀라운 자연의 힘을 바라보듯 가만히 관찰한다.

- 1단계: 타이머를 4분에 맞추고 눈을 감고서 호흡을 관찰한다. 앞서 설명했듯 바다의 파도를 바라보듯 호흡을 가만히 지켜본다. 이 첫 단계 동안에는 특히 숨을 내쉴 때 느껴지는 신체감각에 유의한다. 더불어 숨을 내쉴 때마다 긴장한 신체 부위를 찾아서 그 부위에 조금 더 힘을 뺀다. (실제 그곳에 있는

것을 느끼기만 해야 한다. 생각으로 빠져들면 안 된다. '흠, 사람이 많으니까 어깨가 경직되겠지. 하지만 어제 등 아래쪽이 아팠으니까 그곳에 집중해야겠어.' 이렇게 하면 안 된다. 지금 굳은 느낌이 나는 부위에만 힘을 빼고 긴장을 푼다.)

- 2단계: 타이머를 다시 4분에 맞춘다. 이번 단계에서는 숨을 내쉰 후 멈추는 순간에 집중한다.

- 3단계: 타이머를 다시 4분에 맞추고 이번에는 들이쉬는 숨에 집중한다. 숨을 들이쉰다는 것은 일정 정도의 '개방'이기도 하다. 숨을 들이쉴 때마다 꽁꽁 닫아둔 마음의 어떤 곳을 조금 더 열 수 있을지 시험해보면 좋다. (이때도 생각에 빠져들지 않고 몸의 감각만 느낀다.)

- 4단계: 이번 단계에선 숨을 들이쉰 후 찾아오는 고요에 집중한다. 숨을 들이쉰 후 잠깐 숨을 멈추어 이 느낌을 확장하는 호흡 훈련법도 많다. 그 방법 역시 아주 재미있지만, 우리 훈련에선 호흡을 오고 가는 대로 내버려두는 연습에 집중한다. 숨을 들이쉰 후의 고요에 집중하자.

- 5단계: 더불어 이 마지막 4분 동안에는 호흡의 순환 전체(들이쉬고, 멈추고, 내쉬고, 멈추고……)를 명상 대상으로 삼아본다. 바다를 조용히 바라보는 심정으로 호흡의 오고 감을 가만히 관찰한다.

20분 동안 호흡에 집중하는 게 뭐 그리 어려운 일이냐고? 한 번이라도 해봤다면 말처럼 쉽지 않음을 절감했을 것이다.

딴생각이 날 때 | 명상 중에 계속 딴생각이 나는 건, 특히 초보자라면 지극히 정상이다. 대부분 숨을 들이쉬었다 내쉬는 잠깐 사이에 정신이 작별인사를 건네고 몽상이나 걱정을 향해 달려가버린다. 자극이 줄어들고 정신이 따분해지는 틈에 집중이 흐트러진다.

어떤 순간에 딴생각이 나는지 자신을 관찰해보자. 그 순간마다 숫자를 세어보자. 숨을 내쉬고 멈출 때 '하나', 들이쉬고 멈출 때 '둘', 내쉬고 '하나', 들이쉬고 '둘'…… 소리를 내는 것도 좋은 방법이다. 내쉬며 "옴", 들이쉬며 "마니", 내쉬며 "반메", 들이쉬며 "훔". 의미는 중요하지 않다. 오히려 의미를 모르는 편이 더 좋을 수도 있다. 의미를 지닌 무언가를 떠올리는 순간 정신은 또 다른 접합점을 찾아내어 꼬리에 꼬리를 물고 생각을 이어갈 테니 말이다. 이론적으로는 들이쉴 때 '코카', 내쉴 때 '콜라'라고 속으로 말해도 아무 상관이 없다. 하지만 명상을 하다가 그 달콤한 검은 음료가 당기거나, 콜라에 이어서 딴 곳으로 정신이 팔릴 위험이 크기 때문에 권하고 싶지 않다.

여기서 너무 많은 방법을 소개하지는 않으려 한다. 지식이 명상에 오히려 방해가 될 수 있다. 수천 가지 기술을 알고 있다면 따분해지는 순간마다 당신의 정신은 이렇게 생각할 것이다. '그래, 이건 별로야. 그럼 이번에는 이걸로…… 이번에는 이걸로…… 이번에는 이걸로…… 이번에는 이걸로…….' 기술의 카오스에 갇혀 길을 잃고 만다. 그럴 때는 분별하지 말고 정성을 다해 다시 호흡으로 돌아오자. 계속, 계속, 계속.

그냥 가만히 있기가 너무 힘들다?

앉아서 호흡에 집중하며 그냥 가만히 있는다. 너무나 간단하게 들리지만, 대부분의 사람에게 세상에서 가장 힘든 일이다. 명상 방석에 앉자마자 머릿속 혼란이 가장 먼저 마중을 나온다. 수천 가지 생각이 두서없이 의식으로 밀려든다. '대체 내가 왜 여기 앉아 있는 거야?' '설거지해야 하는데.' '아 참, 부장님이 맡기신 일을 깜빡했네.' '맞네, 맞아. 이 책 저자가 한 말이 맞네. 자꾸 딴생각이 나네.' '호흡에 집중하자, 집중하자.' (……) '내가 미쳤지, 이런 책은 왜 사서 이 생고생을 하냔 말이야.' 이 비슷한 생각들이 마구마구 솟구칠 것이다.

따분하다 | 혼돈이 사라지면 지루함이 찾아온다. 무지막지하게 지루하다. 나는 아직도 첫 수련 시간을 생생히 기억한다. 내가

수련하던 레겐스부르크 선 센터 맞은편에는 단독주택이 한 채 서 있었다. 끝날 것 같지 않은 몇 시간의 정좌 명상에서 나의 관심은 몽상과 그 집 지붕의 빨간 벽돌 사이를 오갔다. 내 정신은 따분함과 고통에서 벗어날 방법을 절망적으로 찾아 헤매었다.

그러니 그 심정을 충분히 이해한다. 나는 몇 시간 동안 앉아서 기와 숫자를 셌다. 몇 개인지 궁금하신 분을 위해 살짝 알려 드리면, 한쪽 면이 765개였다. 그러다가 내가 왜 명상을 시작했던지 기억하고는 다시 호흡으로 주의를 돌렸다. 다시, 또다시.

다시 한번 말하지만 따분함은 지극히 정상이고 전혀 문제가 되지 않는다. 마음속 깊은 곳의 매력을 발견하기 전까지는 모두가 그렇다. 정신은 계속되는 자극에 익숙하다. 많은 사람이 아침에 눈 뜨자마자 제일 먼저 스마트폰부터 집어 든다. 화면에 뜬 뉴스와 팝업 소식과 함께 정보의 물결이 정신으로 밀려들어 온다. 온종일 정보와 자극의 물결은 그칠 줄 모른다. 물결이 그치면 자동으로 따분함이 찾아온다. 정신은 아무것도 하지 않는 데 익숙하지 않기 때문이다. 정신은 흡연자가 담배를 찾고 마약 중독자가 마약을 찾듯 자극을 찾아 헤맨다. 자극이 그치면 불안이 온몸으로 퍼져나간다. 중독자의 금단 현상이 우리에게는 따분함이다.

현대인은 무엇이든 참고 견디지 못한다. 약간만 배고픈 기미가 보여도 벌떡 일어나 냉장고로 향한다. 따분하다고 느끼면 바로 스마트폰을 집어 든다. 모든 욕망을 당장 해소하거나 보상 소비로 대체하려 한다. 어떤 감각이든 느끼자마자 자동으로 반응한다. 명상은 바로 그것을 하지 않게 가르친다. 감각과 행동(혹은 비행동) 사이에 쉼표를 찍는다. 이 쉼표가 현명한 판단의 공간을 마련하기에, 우리는 그 공간에서 아무것도 하지 않고 그저 계속 호흡을 관찰하자고 마음먹는다.

명상을 하다가 따분함이 솟구치거든 그것을 탐구하자. 따분함은 신체감각을 동반하므로 그 감각을 자세히 관찰해볼 수 있다. 어쩌면 당신의 따분함은 공허감일지 모른다. 혹은 불안일수도 있다. 몸에서 진동하는 이 에너지를 더 자세히 바라보자. 따분함을 열심히 탐구하면 금방 따분함이 가시고, 탐구하면서 발견한 사실에 매료될 것이다.

긴장을 풀고 몸에서 느껴지는
공허감이나 불안에 푹 빠져들면
무슨 일이 일어날까?

특히 따분함은 몇 가지 선물을 담고 있다. 따분함은 창의성, 내면의 평화, 기쁨의 기초일 수 있다. 따분함을 몰아내려고 사력을 다하면 창의성과 존재의 기쁨도 사라진다. 그러니 따분함을 탐구하고 한번 제대로 따분함의 모험에 뛰어들어보자.

초조하다 | 초조함은 명상의 가장 큰 적이다. 특히 명상의 경험이 쌓이다 보면 어느 순간 초조함이 밀려든다. 진도를 더 빨리 빼서 어서 어딘가에 가 닿고 싶기 때문이다. 그래서 무작위로 명상 대상과 기술을 바꾼다. 호흡이라는 명상 대상이 너무 단조롭고 무료하게 느껴진다. 벌써 몇 달 동안 호흡에 집중하며 명상했건만 아직 아무런 깨달음도 없기에 다른 곳에서 깨달음을 찾고 싶다. 다른 것을 시도해보고 싶은 마음은 자연스럽고, 일상에서는 적절한 해결책을 찾는 데 도움이 될 때가 많다. 하지만 안타깝게도 명상에선 그렇지 않다.

아직도 기억이 생생하다. 다섯 번째던가 여섯 번째 장기 수련이었다. 수행이 점점 안정되었기에 나는 사원에서 14일간 진행되는 명상 수련에 신청서를 냈다. 이번에는 반드시 뭐든 '이루고야 말리라!' 굳게 결심하였다. 최대한 깊은 명상 경험을 쌓고자 공식 명상 시간 8~10시간에다 추가로 몇 시간을 더 앉아 있었다. 아직 맞을 준비가 되어 있지 않은 것을 억지로 불러오려 발악했던 셈이다. 나흘째 되던 날 오른쪽 귀 위에서 원형으로 머리카락이 빠졌다. 빠지는 속도가 상당히 빨랐다. 닷새째 되던 날에는 벌써 원의 직경이 2센티미터나 되었다. 대학 시절에도 그런 적이 있었다. 스트레스가 극도로 심했던 시험기간이 끝나고 똑같은 일을 겪었다.

원형탈모. 신체가 모근의 면역을 공격하는 현상이다. 내 몸이 나를 공격하는 것이다. 원형탈모를 발견하고서야 내가 얼마나 나를 몰아세우며 억지로 떼를 썼는지 깨달았다. 그제서야 흘러가는 대로 두자고 마음을 고쳐먹었다. '지금 이대로도 좋아. 아무 일도 일어나지 않는다면 아무 일도 일어나지 않는 거지.' 그러자 머리카락도 더 이상 빠지지 않았다. 빈자리에 다시 머리카락이 자라기까지는 몇 달이 걸렸지만, 세상 무엇도 억지로 되지는 않는다는 깨달음을 얻은 귀한 시간이었다. 내가 얻은 이 소중한 교훈을 나누고 싶다. 당신이 똑같은 덫에 빠지지 않았으면 한다. 명상은 인내심을 훈련시키는 참 스승이다. 어딘가에 이르고 싶다는 마음이 든다면, 당신은 정신과 함께 아직 오지 않은 미래에 있다. 현재의 순간에 닻을 내리지 못한 것이다.

호흡도 똑같다. 명상 대상을 믿어라! 계속 이것저것 실험하면서 자신을 조종하지 마라. 내 명상 스승님은 아주 구체적인 비유로 가르침을 주셨다. 망망대해에서 인생 최악의 폭풍우를 만난 선원이 있다. 동료들은 벌써 파도에 휩쓸려서 바다로 떨어졌고 돛은 부러진 지 오래다. 절망에 찬 그는 파도에 휩쓸리지 않으려고 돛대에 자기 몸을 꽁꽁 묶는다. 당신의 돛대는 호흡이다. 꽉 붙들어라! 처음에는 호흡의 돛대가 안정된 마음과 맑은 마음을 향해 나아가도록 도와줄 것이다. 경험이 쌓이면 감정의 폭풍우를 다스리는 데까지 나아간다. 깊은 명상이 가능해지면 호흡이 가장 든든한 동맹군이 되어준다.

졸린다 | 특히 초보자의 경우 따분함과 초조함을 좇지 않고 마음을 잘 챙겨 호흡에 머문다 해도 어느 순간 졸음이 몰려온다. 이유는 단순하다. 뇌의 임무는 대부분 자극을 분류하고 처리하는 일이다. 자극이 없으면 할 일이 없다 보니 뇌가 가라앉는다. 동시에 편안한 호흡은 자율신경계를 안정시켜 몸의 긴장을 푼다. 긴장을 푼 신체와 할 일 없는 정신은 졸음이라는 결과물을 낸다.

따라서 졸음에 대처하는 몇 가지 방법을 소개할까 한다. 가장 중요한 첫 번째 방법은 건강한 수면이다. 현대인은 불면에 시달린다. 마지막으로 푹 자본 기억이 언제인가?

요즘엔 정말로 많은 사람이 밤잠을 설친다. 대부분 라이프스타일에 따른 장기 스트레스가 원인이다. 당신도 불면으로 고생해왔다면 명상이 조금씩 수면의 질을 높여줄 것이다. 특히 저녁 명상은 기적을 일으킬 수 있다. 그렇지만 명상 초기, 건강한 수면 리듬이 자리를 잡기 전에는 명상이 졸린 것이 정상이다.

또 하나 중요한 요인으로 식사를 꼽는다. 수분이 부족하거나 명상 전에 소화가 힘든 음식을 너무 많이 먹으면 피곤하다. 단당류나 단것처럼 혈당을 빠르게 올렸다가 빠르게 떨어뜨리는 음식도 마찬가지이다. 따라서 항상 물을 충분히 마시고 균형 잡힌 식사를 하자. 명상에 도움이 될 뿐만 아니라 삶 전체가 건강해진다.

방 온도도 유의해야 한다. 너무 더우면 졸음이 쏟아진다. 약간 서늘한 정도에서 정신이 초롱해진다. 스승님이 들려주신 한국이나 일본 이야기를 들어보면 그곳에서는 창문을 활짝 열고 쏟아져 들어오는 눈을 얼굴에 바로 맞으면서 몇 시간씩 수행한다고 한다. 당연히 그렇게까지 할 필요야 없겠지만 방이 서늘해야 정신이 맑아지는 것은 사실이다.

내가 제일 아끼는 방법은 바로 커피이다. 나는 명상 전에 눈을 감고 편안한 마음으로 커피를 음미한다. 맛도 좋지만, 그 자체가 이미 명상의 한 형태인 데다 커피는 각성을 돕는다. 녹차나 홍차, 다른 카페인 함유 음료도 마찬가지 효과를 발휘한다. 설탕이 든 음료는 혈당에 영향을 미치기 때문에 조심한다. 하지만 카페인이 건강한 식습관과 수면을 절대로 대체할 수는 없다.

명상의 시작과 끝은 자세이다. 품위 있는 똑바른 자세는 정신을 깨운다. 목을 똑바로 세우고 턱을 살짝 내리면 혈액순환이 원활하여 정신이 맑아진다. 상체가 조금씩 허물어지고 고개가 앞으로 수그러지면 졸음이 밀려온다는 신호이다. 선불교에선 졸음의 또 다른 신호로 무드라(명상할 때 특정한 손의 모양)를 꼽는다. 무드라는 여러 가지가 있지만 우리는 양 손바닥을 위로 보게 하여 오른손을 한가운데에 놓고 왼손을 오른손 위에 겹치게 올려놓는다. 아래팔은 허리에 붙인다. 그리고 양쪽 손의 엄지를 끝이 살짝 닿도록 위로 붙여 타원형을 만든다. 이 엄지가 서서히 아래로 내려가면 졸린다는 신호이다. 반대로 엄지가 긴장하여 위로 향하면 생각이 너무 많다는 신호이다.

졸리는 것 같으면 몇 번 깊게 호흡하여 산소를 들이마신다. 이때에도 호흡은 매우 의식적이고 신중해야 한다.

눈을 크게 뜬다

방법을 총동원해도 소용이 없거든 눈을 최대한 크게 떠보자. 몸이 크게 뜬 눈을 각성의 신호로 해석한다. 그러니까 몸에게 지금은 수면시간이 아니라고 알리는 것이다. 물론 눈을 뜨는 동작 하나도 최대한 의식적이고 신중하도록 노력해야 한다. 모든 동작을 의식적으로 인지하는 과정이 잠에서 깨어 명상 상태에 머물도록 도와준다.

눈을 크게 뜨기 전에 먼저 만트라로 졸음을 쫓아보자. 만트라가 뇌에 가벼운 자극을 줄 것이다. 호흡하면서 마음에 드는 만트라를 외워보자. 호흡과 별도로 만트라를 낭송할 수도 있지만, 어쨌거나 호흡의 알아차림을 놓치지 않도록 유의하자. 어떤 방법이 가장 자신에게 맞는지, 이것저것 실험해보자.

이 모든 방법이 소용없다 해도 크게 걱정할 필요는 없다. 걷기 명상으로 넘어가면 된다. 방 크기에 따라 쉬울 수도, 힘들 수도 있겠지만 걸을 공간이 없다면 일어선 채로 명상하면 된다.

그것 역시 기적을 일으킬 수 있다.

졸음은 초보자만 겪는 문제가 아니다. 수행이 깊은 선사들조차 때로는 졸음과 사투를 벌인다. 명상 수행이 어느 정도 궤도에 올랐다면 유용할 방법이 몇 가지 더 있다. 첫째 정기적으로 '체크인'을 해서 어느 사이 멍한 상태로 들어가지 않았는지 점검한다. 졸음은 번개처럼 갑자기 내리치지 않는다. 살금살금 뒷문으로 들어온다. 그래서 초보자는 집이 완전히 점령당하거나 상체가 푹 앞으로 고꾸라진 후에야 겨우 졸음을 알아차린다. 정기적으로 자신의 상태를 살피자. 자꾸 딴 곳에 정신이 팔리거나 의식이 초롱초롱하지 않다면 졸린 것이다. 몸은 정기적으로 살피기만 해도 깬 상태를 유지한다. 또 조금만 졸리는 기미가 있어도 자세를 바로잡아 졸음을 예방할 수 있다.

나는 이런 미세한 신호를 주로 배나 머리에서 느낀다. 당신은 어떤지 한번 탐구해보라. 피로를 탐구하는 자체가 정신의 활동력을 깨운다. 할 일이 생겼으니 뇌가 번쩍 깨어난다.

다 해봐도 소용없다면? 그럼 자라! '선'을 무어라 딱 정의할 수는 없지만 내가 좋아하는 선의 정의는 이것이다. "배고프면 먹고 졸리면 자라." 다 소용없을 땐 그냥 자면 된다.

아프다 | 나의 첫 명상 수행 장소는 레겐스부르크의 아름다운 구도심이었다. 1월 초였지만 크리스마스를 앞둔 듯 들뜬 분위

기였다. 창문 너머로 눈이 날렸고, 나는 기대와 의욕에 불타 첫 저녁 수행을 시작했다. 30분간 한국의 경전을 독경한 후 한 시간 동안 정좌하여 호흡에 집중했다. 무엇 하나 제대로 되지 않았지만 한 시간 동안이나 움직이지 않고 명상했다는 자부심은 대단했다. 곧바로 잠자리에 들었지만 다른 사람들과 한방에서 자는 것이 낯설었고 딱딱한 매트리스가 너무나 불편해서 잠을 설쳤다.

이튿날 새벽 4시 30분. 아침 종이 울렸고 명상이 시작되었다. 이 일정도 그럭저럭 통과했다. 물론 2분에 한 번꼴로 깜빡 잠이 들어서 고개가 툭 떨어지는 바람에 놀라서 깨기를 반복했지만 말이다. 그런데 새벽 수행과 오전 수행이 끝나자 등이 아프기 시작했다. 가부좌 탓에 무릎도 쑤셨고, 내가 대체 여기서 뭘 하고 있나 하는 의문이 수시로 고개를 치밀었다.

일주일하고 둘째 날이 채 기울기도 전에 나는 내가 무슨 일을 벌였는지 제대로 (뼈아프게) 깨달았다. 가부좌를 틀고 앉으면 1분도 채 안 지나 양 견갑골 사이 근육이 비명을 질렀고 무릎 통증 역시 참기 어려운 지경이었다. 매번 자세를 바꾸어 몇 초를 확보했지만 이내 더 심한 통증이 뒤따랐다. 물론 나는 최대한 움직이지 않으려고 애썼다. 다른 참가자들은 쥐 죽은 듯 조용했고 미동도 하지 않고서 몇 시간씩 앉아 있었다. 이어진 며칠은 지옥이 따로 없었다. 하루하루 통증이 더 심해졌다. 나는 이를 악물고 버텼다. 정신이 쉼 없이 고함을 질렀다. '일어나! 일어나란 말이야!' 나는 화가 났다. 수행을 끝내지 않는 스승에게 화를 투사했다. 아픈 나한테 화를 냈다. 화는 절망으로 이어졌지만, 당시만 해도 대처법을 알지 못했다.

일정이 끝나기 이틀 전 놀라운 일이 일어났다. 그날 저녁 명상 시간에는 통증이 너무너무 심했다. 다리가 덜덜 떨렸고 식은땀이 솟구쳤다. 금방 열이 났다가 금방 추웠다. 이러다 기절하면 어쩌나 걱정이 들었다. 할 수 있는 건 두 가지였다. 일어나서 걷거나 아니면 포기하고 통증을 내버려둔다. 내 몸은 본능적으로 포기를 선택했는데…… 놀랍게도 그 순간 모든 고통이 사라졌다. 아주 잠깐 정신이 완전히 고요했다. 모든 것이 갑자기 아득하고 명료했다. 여전히 무릎에서, 견갑골 사이에서, 등 아래쪽에서 열기 비슷하게 후끈거리는 감각이 느껴졌지만 나는 그곳에 앉아서 모든 것에 저항하지 않고, 싸우지 않고, 생각하지 않고, 괴로워하지 않고 그저 관찰하고 있었다. 지금 이 순간으로 깊이 침잠한 상태였다. 놀랍게도 나는 그 잠깐(나도 어느 정도의 시간이었는지 모른다) 연극을 관람하는 관객이었다. 훗날 배운 시젠 영의 방정식 '괴로움 = 고통×저항'을 미리, 직접 몸으로 겪은 셈이었다. 고통은 있을 수 있지만 괴로움은 선택이다. 괴로움은 항상 현 순간에 이성이 저항하며 생긴다.

그렇다고 너무 겁먹지는 마라. 당시 내 근육이 유독 통증이 심한 상태였다고 나는 생각한다. 다른 사람들은 애당초 별문제 없이 앉아 있었다. 그럼에도 나는 명상 수행이 당신에게 권할 수 있는 가장 값진 경험이라고 생각한다. 내가 얻은 깨달음과 경험은 고통보다 수십만 배 더 귀했다. 수행은 내가 인생에서 마주한 가장 소중한 경험이다. 매번 늘 그렇다. 명상을 하는 모두가 한결같이 하는 말이다. 적어도 내가 만난 사람들은 다 그렇게 말했다.

명상을 해본 사람이라면 그 고통을 잘 알 것이다. 특히 초기에 힘줄, 근육, 온몸이 아직 오래 앉아 있을 준비가 안 되었을 때 고통이 심하다. 그럴 때는 어떻게 해야 할까? 확실한 대답은 없다. 하지만 몇 가지 권하고 싶은 방법은 있다.

서두르지 말자. (나처럼) 당장 10시간이나 걸리는 장시간 수행에 덤벼들지 말자. 5분으로 시작해 서서히 시간을 늘린다. 몸이 새로운 상황에 적응할 시간을 주는 것이다. 당시 나는 오래달리기 연습도 하지 않은 채 바로 마라톤을 시작한 꼴이었다. 결과는 평생 처음 겪는 근육통이었다. 천천히 가자.

물론 천천히 시간을 늘려도 명상을 하면 모두가 이런저런 통증을 경험한다. 통증은 의식으로 들어온 모든 자극을 따를 필요가 없다는 지혜를 가르친다. 가령 코가 가려워도 긁지 않고 목이 뻣뻣해도 참는다. 모든 자극에 자동으로 반응하지 않는 의식적 대응이야말로 일상을 풍요롭게 하는 삶의 토대가 된다. 당시 수행 참가자였던 한 중소기업 사장은 이런 멋진 명언을 남겼다. "해야 하는 건 꼭 해내야 한다고 여태 생각했어요. 그런데 아니더라고요. 나는 자유고, 이 세상에 꼭 해야 하는 일은 없어요."

고통이 심하면 '괴로움 = 고통 × 저항'의 방정식도 몸소 경험해볼 수 있다. 반대로 남들 눈에 띄지 않으려는 에고의 고집을 무시하고 벌떡 일어났을 때는 어떤 기분인지 관찰하는 것도 못지않게 귀한 경험이다. 첫 수행 때 나를 그토록 괴롭힌 것은 상황이 아니라 나의 에고였다. 나는 완전히 자유였다. 언제라도 일어나 걸을 수 있었다. 적어도 앉은 자리에서 몸을 움직일 수 있었다. 그렇지만 그 방에서 아무도 그렇게 하지 않았기에 나의 에고가 허락하지 않았다.

통증에는 정답이 없지만, 통증에서도 배울 점은 무한히 많다. 그러니 모험에 뛰어들어보자. 통증과 에고를 탐구하여 삶을 풍요롭게 하자.

강렬한 감정과 마음의 정화 | 명상으로 무의식에 깔려 있던 묵은 감정이 솟아오르면 어쩌나, 걱정하는 사람이 많다. 맞다. 그럴 가능성이 크다. 그렇지 않다면 당신은 이미 깨달음에 가까웠을 테니 말이다. 대부분 명상이 어느 정도 궤도에 오르면 몸과 정신이 체계적으로 정화 작업에 들어선다. 정서적·정신적·에너지 차원의 정화다.

알다시피 우리는 온갖 각인과 신념과 상처를 마음에 담고 산다. 에너지 시스템 역시 균형을 유지할 때가 드물다. 명상은 이러한 불균형을 조율한다.

마음을 정화하는 과정은 매우 강렬할 수 있다. 하지만 앞에서도 말했듯 당신의 무의식은 늘 당신이 대처할 수 있을 만큼만 방출한다. 명상을 시작한다고 금방 극적인 경험을 하지는 않는다. 적어도 내 경우는 그랬다.

무엇보다 한 가지 규칙에 유의하라.
생각하지 마라!

그런 정화의 순간에는 특히 더 고민에 빠지기 쉽다. 왜 내가 지금 이런 감정을 느끼는지, 이 감정이 어디서 왔는지, 누구 책임인지 고민한다. 하지만 아무 소용이 없는 고민이다. 기껏해야 원인이 무엇인지 깨달을 뿐이고, 최악의 경우 다시 투사하기 시작한다.

'생각하지 마라'고 해서 어떤 생각도 해서는 안 된다는 말이 아니다. 생각은 오고 간다. 억지로 매달리거나 쫓지 말라는 뜻이다. 그저 느끼다 보면 결국엔 마음이 치유된다. 앞에서 설명한 감정해방과정을 참고하자. 감정이나 각인은 무의식에서 곧바로 의식으로 튀어나오기 때문에 트리거가 없을 때가 많지만,

어떻게, 무엇이, 어디에서 나타나는지 가만히 관찰해보자. 모든 감정을 허락하자. 그리고 감정의 연극을 관찰하자. 감정이 쌓이고 경험이 반복되다 보면 언젠가 자유가 온다.

정신이 달아날 때
붙들어오는 방법

헬스장에 다니는가? 그렇다면 잘 알 것이다. 며칠 트레이닝을 받았다고 당장 근육질 몸매가 되었는가? 아니다. 그런데도 명상을 시작한 많은 사람이 며칠 만에 명상의 대가가 되기를 기대한다. 그러나 호흡을 따라가기로 작정하고 나서 숨을 두어 번만 들이쉬고 내쉬어도 그 작정에 얼마나 도달하기 힘든지를 절감한다. 마음은 망상에 잠기고, 근심의 바다에서 허우적대며, 이런저런 생각에 휩쓸린다. 호흡 말고는 전부 다 잘도 한다. 안정과 명료함과 평화를 얻기는커녕 혼란과 얽힘과 불안만 남는다. 그렇지만 너무 걱정하지 마라. 처음에는 누구나 그렇다.

처음에는 정신이 계속해서, 정말로 계속해서 달아난다. 그러므로 처음 몇 달은 자기애를 수련하는 방향으로 가야 한다. 정신이 딴 데로 달아나는 순간 자신에게 다정하게 다가가 다시 정신을 호흡으로 이끌어야 한다.

널뛰는 정신을 의식하는 것이 명상이다.

그 정신을 사랑의 마음으로

되돌려놓는 것이 명상이다.

자신에게 다정하기 | 불교에서는 정신을 어린 짐승에 비유한다. 당신의 머릿속에 어린 강아지가 뛰어다닌다고 상상해보자. 당신이 해야 할 일은 그 녀석을 곁에 붙들어 두는 것이다. 강아지가 수천 번 달아나도 당신은 수천 번 녀석을 다시 끌고 와야 한다. 녀석이 당신 곁에 가만히 있을 때까지.

어떻게 하느냐고? 다정하게 데리고 오면 된다. 화내지 말고 짜증 내지도 말아야 한다. 되돌아오면 사랑이 기다린다는 사실을 알면 강아지는 제 발로 돌아온다. 돌아와봤자 고함과 손찌검만 기다린다면 강아지가 무엇 하러 돌아오겠는가?

당신의 정신도 똑같다. 정신이 딴 곳에 팔릴 때마다 자책한다면 정신이 뭘 배우겠는가? 계속해서 무의식적으로 살아가기를 택할 것이다. 자신이 또다시 중요하지 않은 생각을 뒤쫓았다는 사실을 의식하자마자 자책이라는 고통이 따라올 테니 말이다. 그러니 자신에게 다정하자! 명상의 처음은 자기애 훈련이다.

방향 설정하기 | 정신이 딴 곳으로 도망칠 때 도움이 되는 또 한 가지 방법은 방향 설정이다. 기술이라면 기술이겠는데 내가

수년간의 명상 수련으로 발견한 후 오래도록 무척 아끼는 방법이다. 방향 설정이란, 명상 시간에는 호흡에만 머무르기로 마음과 합의하는 것이다. 이 문장을 마음으로 말해보자. '앞으로 얼마간은 호흡에 집중하고 싶어.' 소리 내어 말하지 않아도 된다. 중요한 것은 의도이니, 계획을 긍정적인 소망의 느낌으로 보완해보자. 아이스크림이나 초콜릿이 먹고 싶은 아이처럼, 혹은 금메달을 목에 걸고 싶은 운동선수처럼, 당신의 뇌가 지금 중요한 것을 인정하도록 마음과 합의를 보면 도움이 된다.

조금 더 쉽게 비유하자면, 당신의 두뇌는 수십 명의 정신 시스템이 이끌어가는 회사와 같다. 모두가 회의실 둥근 탁자에 모인 가운데 당신이 회장 자리에 앉았다. 모두가 원하는 바가 있다 보니 서로 당신의 관심을 끌려고 한다. 그러니까 모두가 당신의 의식에 등장하고 싶어 한다. 다 자기가 제일 중요하다고 생각한다. 한 시스템은 당신이 코를 긁적이면 좋겠고, 또 한 시스템은 당신이 얼른 화장실에 갔으면 좋겠다. 다른 시스템은 저녁 메뉴를 고민하고 싶고, 또 다른 시스템은 그냥 멍 때리고 싶다. 수십 개의 시스템이 수십 가지 욕망을 추구한다. 모두가 자기 욕망을 만족시키기 위해 당신의 의식으로 들어가려고 한다.

명상 전에 방향을 정한다는 말은 당신이 자리에서 일어나 다정하지만 또렷한 음성으로 이렇게 말하는 것과 같다. "지금은 의식적으로 호흡을 할 겁니다!" 그러면 회의실의 시스템들이 당신의 의도와 우선순위를 알게 될 터이므로, 더 오래 호흡에 머물 수 있다. 물론 그래도 이런저런 시스템이 당신의 의식으로 고개를 들이밀 테지만, 그 횟수가 눈에 띄게 줄어든다.

무의식적이기는 하지만 사실 당신은 이미 매일매일 방향을 설정한다. 가령 마트에 갈 때 당신은 미리 특정 식품을 향해 방향을 정한다. 그러면 정신 시스템은 수천 가지 제품 중에서 그 제품이 당신의 레이더망에 걸리도록 협력한다. 어떤 목표를 추구할 때도, 반드시 달성해야 하는 목표가 있다면 당신의 정신 시스템은 목표에 유익한 정보들을 의식으로 끌어온다. 가령 당신이 차를 바꾸려 한다고 가정해보자. 검정 소형차를 사고 싶다면 갑자기 도로에 검정 소형차가 평소보다 훨씬 많이 오간다. 정신이 이 정보를 다른 정보보다 중요하다고 판단하여 더 자주 의식으로 데려오기 때문이다.

60일 챌린지에 도전하다

앞에서 읽은 모든 정보를 백지에 찍힌 활자로 남기지 않기 위해 나는 다시 한번 당신에게 초대장을 내민다. 실제로 명상을 시작해보자. 나의 바람이자 임무는 충만한 삶을 향해 한 걸음 한 걸음 나아가는 사람들을 열심히 돕는 것이다. 그리하여 그들이 더 큰 기쁨과 사랑과 만족을 경험하고, 주변과 우리 행성을 기쁨이 넘치는 장소로 만들고자 함께 노력하기를 바란다. 그러자면 더 깊은 의식이 필요하다. 명상은 이 의식을 형성하고 확장하는 중요한 열쇠이다.

나의 초대에 응하겠다면 명상을 양치질 같은 아침 루틴으로 만들어 일상에 굳게 닻을 내려보자. 60일 동안 매일 일정한 명상 시간을 마련해보자. 단 몇 분이라도 좋다. 아침에 늘 같은 시간에 하면 제일 좋겠지만 이러저러하게 시험해서 자신에게 가장 맞는 시간을 찾아보자.

60일 챌린지

앞으로 60일 동안 매일 일정 시간 명상을 하겠노라 자신과 약속하고 그 내용을 글로 적는다. 함께할 때 더 잘할 것 같다면 주변에서 사람을 찾아보자. 아래의 체크리스트를 참고로 삼으면 도움이 될 것이다.

- 어디서 명상할 것인가?
- 매일 몇 시에 할 것인가?
- 매일 얼마 동안 할 것인가?
- 가이드 명상을 할 것인가? 자유 명상을 할 것인가?
- 함께하고 싶다면 누구랑 하고 어떻게 정보를 교환할 것인가?

마음이 어지러울 때는,
걷기 명상

지금껏 우리가 살펴본 명상은 정좌 명상이다. 정좌 명상은 안정된 마음, 맑은 마음, 평화로운 마음을 훈련하는 가장 효과적인 방법이다. 하지만 상황이 너무 안 좋거나 마음이 괴로움에 휩싸였을 때는 가만히 앉아 있기가 힘들다. 명상하겠다고 자리에 앉자마자 마음이 안정되기는커녕 마음의 원숭이가 킹콩으로 자라 마약을 털어 먹고 미쳐 날뛴다.

이런 사람들에게 나는 걷기 명상을 권한다. 자연에서 하는 것이 제일 좋다. 걸으면 에너지와 감정이 움직이면서 더 빨리 몸에서 빠져나간다. 또 자연의 친근한 소리와 향기는 마음을 평화롭게 만든다.

걷기 명상 역시 정좌 명상과 마찬가지로 정신을 호흡에 집중한다. 시선은 살짝 내리깔고 앞을 본다. 둘레둘레 살펴선 안 된다. 지금 당신은 산책이 아니라 명상을 하고 있다. 따라서 눈을 살짝만 뜨고 약 4미터 앞의 땅바닥에 시선을 고정한다. 호흡은 걸음에 맞추면 좋다. 가령 네 걸음 걷고 숨을 들이쉬고 네 걸음 걷고 숨을 내쉰다. 자신의 리듬을 찾아 그 리듬을 따라가보자.

나는 정좌 명상에 별 어려움을 못 느끼는 사람에게도 정기적으로 걷기 명상을 해보라고 권한다. 일상 어디서나 할 수 있기 때문이다. 가까운 거리를 걸어서 갈 때가 있지 않은가? 그 거리를 목표에 이르는 수단으로만 생각하여 허둥지둥 걷지 말고 마음의 평화를 훈련하는 값진 시간으로 이용해보면 어떨까? 모든 걸음걸음이 당신을 지금 여기로 데려다줄 것이다.

얼마 전 우리 아들이 내게 아름다운 추억을 선사했다. 엄마 손을 잡고서 환하게 웃으며 걸음마를 시작한 것이다. 아이에겐 걸음걸음이 그저 기쁨이었다. 그렇다, 우리도 다시 모든 걸음이 첫걸음인양 걸음마를 배워야 한다. 모든 걸음마다 다다르려는 곳에 이미 다다랐다는 경험을 할 수 있다. 우리가 다다르려는 곳, 지금 여기에 말이다.

의식적으로 인생을 창조하는 건강한 습관의 힘

앞서 말했듯 경험 없는 지식은 종이에 찍힌 잉크에 불과하다. 지금껏 배운 모든 지식은 일상의 한 부분이 되어야지 가치가 있다. 차근차근, 조금씩 조금씩, 한 순간 한 순간 실천해보자.

그러자면 일상을 의식하며 감정을 보다 건강하게 대하고, 명상 수행을 통해 정신을 훈련하면서 내면을 들여다볼 시간을 마련해야 한다. 멋진 상상을 실현하는 데에는 건강한 습관보다 더 유익한 것이 없다.

심리학에서는 건강한 습관을 일상을 결정하는 자동화된 프로그램이라 부른다. 우리는 습관 덕에 하루 대부분을 자동장치처럼 살아간다. 습관은 생활의 어려움을 덜어주고 틀을 짜서 안정감을 제공하는 등 좋은 점이 있지만, 의식적인 경험을 방해한다는 점에서는 문제가 될 수 있다.

별 대단한 일상도 아닌데 굳이 의식적으로 경험할 이유가 무엇이냐고 물을 수도 있겠다. 우리 수강생 한 명은 명상을 시작하고 불과 몇 주 만에 시간이 쏜살같이 지나가는 것 같은 느낌이 사라졌다고 말했다. 마음챙김 수련 이후 삶을 '더 많이' 느끼게 되었다고 말이다. 마음을 챙기는 습관은 이 수강생처럼 삶을 더 풍성하게 살아가도록 도와준다.

몇 주씩 이어지는 선 수련에서는 일정을 분 단위로 쪼개어 정밀하게 짠다. 4시 30분 기상, 4시 40분 108배, 5시 30분 아침 예불, 6시 명상, 7시 아침 식사, 8시 30분 울력, 10시 명상, 12시 점심 식사 등등. 무얼 해야 할지 두뇌가 생각할 필요가 없게끔 만든다. 생각이 필요치 않기에 온종일 순간에 온전히 있을 수 있다. 물론 하루하루를 선 수행처럼 분 단위로 계획하라는 말은 아니다. 다만 습관과 리듬은 의식을 일상으로 불러들이기에 깨달음을 얻는 데 매우 유익한 기초라는 점을 말하고 싶다.

여기서 말하는 습관이란 양치질이나 커피 한잔 같은 행동에만 국한되지 않는다. 습관에는 세 가지 종류가 있다. 생각 습관, 감정 습관, 행동 습관이 그것이다. 이 세 가지가 당신의 삶을 정한다. 당연히 세 가지 차원 모두에서 건강하고 깨인 습관을 만들 수 있다.

생각 습관에는 이런 것이 있다.

- 무엇을 좋거나 나쁘다고 분별하는가? 아니면 분별하지 않고 사는가?
- 자기 생각을 어떻게 대하는가? 무의식적으로 반응하는가? 아니면 이성의 제안이라고 인식하는가?
- 무엇을 중요하다고 판단하는가? 혹은 무엇을 덜 중요하다고 판단하는가?
- 자신에게 다정하게 말하는가? 자신을 비난하는가?
- 문제에 빠져 길을 잃는가? 거리를 두고 문제를 바라보는가?
- 늘 같은 생각의 악순환에서 빠져나오지 못하는가? 지금 이 순간에 집중하는가?

감정 습관에는 이런 것이 있다.

- 기본적으로 감정을 거부하는가? 아니면 감정에 관심을 기울이는가?

- 힘든 상황에서 긴장하는가? 아니면 긴장을 푸는가?
- 감정에서 달아나는가? 아니면 감정의 불길에 그대로 머무르는가?
- 감정의 책임을 남에게 전가하는가? 스스로 책임을 지는가?
- 감정에 여지를 주는가? 아니면 감정을 쫓아내는가?

행동 습관에는 이런 것이 있다.
- 아침마다 명상을 하는가? 아니면 무의식적으로 반응하며 하루를 보내는가?
- 대기시간을 짜증만 내며 보내는가? 아니면 마음챙김의 시간으로 활용하는가?
- 온종일 미디어에서 쏟아지는 정보에 무방비로 노출되는가? 아니면 시간을 정해 미디어 소비를 제한하는가?
- 하루하루를 흘려보내는가? 아니면 알람을 정해놓고 의식적으로 멈추고 호흡하며 지금 이 순간을 경험하는가?

의식적인 삶을 사는 데에는 건강하고 의식적인 새 습관이 필요하다. 나는 세미나가 끝날 때마다 수강생들에게 습관으로 삼고 싶은 것들을 구체적으로 생각해보라고 권한다. 지금 당신에게도 똑같은 제안을 건네고 싶다. 일상을 더 의식적으로 살아가기 위해 어떤 습관을 들이고 싶은가? 아침 루틴을 새로 만들고 싶은가? 한 시간에 한 번씩 알람을 맞추어놓고 5분 명상을 하겠는가? 혹시 벌써 명상 수행 프로그램에 신청서를 냈는가? 어쨌거나 깨인 정신으로 살아갈 방법은 무궁무진하다.

다만 이런 훈련들이 결정에서 시작된다는 사실을 잊지 말자. 먼저 변화를 꾀할지 말지 결정을 내리고, 진정 변화를 원한다면 어떤 습관을 새로 들일지 결정한다. 어쩌면 당신은 벌써 앞서 소개한 60일 챌린지에 도전장을 내밀었을지도 모르겠다. 새로운 습관을 최대한 철저히 지켜나가려면 결정이 매우 중요하다. 내가 여기서 '최대한'이라고 표현한 이유는 혹시 계획이 어긋나더라도 자책해서는 안 되기 때문이다. 판단하지 말고 계속해나가면서, 새로운 습관으로 이루려 했던 목표에 다시 집중하면 된다.

감정 습관을 들이고 싶다면 감정을 외면하지 않고 용기 내어 자기감정에 집중하겠다고 결정한다. 생각 습관을 들이고 싶다면 최대한 깨어 지금 무슨 생각을 하는지 관찰하고, 건강하지 못한 생각이 들거든 즉각 더 건강한 길로 향하겠다고 결정한다.

새로운 습관 들이기

어떤 습관이 의식적인 삶에 도움이 될지 아이디어를 모아보자. 생각이 나지 않거든 다음의 방식대로 시작해도 좋다.

- 아침마다 몇 분 명상한다.
- 하루에 여러 차례 알람을 맞추어놓고 그 시간마다 하던 일을 멈추고 호흡에 집중한다.
- 먹고 걷고 서는 모든 행위에서 알아차림을 키운다.
- 매일 감사 일기를 적는다.

당장 실행하고 싶은 것과 나중에 추가할 것을 선별한다. 이 아이디어를 기존의 습관과 연계하면 실천이 훨씬 수월하다.

- 밤에 이를 닦을 때는 입안에 닿는 칫솔의 느낌을 꼼꼼하게 관찰한다. 마음챙김을 키우는 훈련이다.
- 잠자리 곁에 감사 일기장을 항상 놓아둔다.
- 아침에 알람이 울리면 스마트폰부터 집어 들지 말고 쭉 기지개를 켜면서 자신의 몸을 느껴보자. 미니 바디스캔도 좋다.

습관에 머물러 경험을 쌓아보자. 누군가와 함께하는 쪽이 좋다면 적합한 사람을 구해 경험을 나눈다. 자신이 얼마나 발전했는지 파악할 수 있고, 서로 의욕을 북돋아줄 수 있어서 좋다.

또 한 가지 비법으로, 나는 아침 명상을 적극적으로 권유한다. 이른 아침은 아무것도 쓰지 않은 흰 종이처럼 무언가 기대를 담고 있다. 아직 일상이 당신을 덮치기 전이다. 해야 할 일도, 배우자도, 아이들도, 상사도 동료도 등장하지 않았다. 오직 당신과 당신의 호흡만 곁에 있다. 무엇보다 아침의 알아차림은 온종일 이어진다. 아침을 알아차림과 평화로 열면 그날 하루는 자동으로 맑고 평화로워진다.

명상을 위해 30분 잠을 줄여야 해도 1,000배는 더 큰 보상이 돌아온다. 하루를 의식적으로 시작하는 습관을 들여보자. 아래 세 가지가 새로운 습관을 들이는 데 도움이 되어줄 것이다.

확실한 계획 | 무엇을 해야 할지 정확히 알면 모든 것을 고민하면서 결정할 필요가 없다. 분 단위로 쪼갠 명상 수련의 일정처럼 확실한 계획은 알아차림을 키우는 데 도움이 된다. 물론 처음부터 너무 빡빡해서는 안 된다. 처음에는 "적을수록 많다." 우리의 일상은 명상 수련이 아니다. 이미 많은 의무와 과제와 책임이 있다. 계획을 생활에 맞추어야지 생활을 계획에 맞추어서는 안 된다.

지지와 지원 | 일본의 한 고승은 제자가 들어올 때마다 이런 질문을 던졌다고 한다. 스승과 수행 장소, 도반(불교에서 함께 도를 닦는 벗을 이르는 말), 이 세 가지 중 어떤 것이 깨달음에 제일 중요한가?

대다수가 당연히 스승이라고 대답했고 장소를 그 다음으로 꼽았다. 도반을 중요하다고 꼽은 이는 극소수였다. 하지만 고승은 제자들에게 도반이 가장 중요하다고 가르쳤다. "네가 가장 많은 시간을 함께 보내는 이가 도반이다. 도반과 함께 사는 것이야. 기쁨도 고통도 도반과 나누지. 너를 돕고 지지하는 이도 도반이고. 도반이 제일 중요해."

계획과 실천이 수월한 사람이 참 많다. 설사 '고독한 늑대'라 해도 뜻이 같은 사람과 함께 있으면 더 즐겁고 활기찬 법이다. 그러니 그런 사람들을 찾아보자. 오프라인과 온라인을 가리지 않고 명상에 관심이 있는 사람은 참으로 많다.

자신을 사랑으로 대한다 | 계획을 실천하지 못하더라도 자신을 혹독하게 몰아붙이며 야단쳐서는 안 된다. 명상할 때 정신이 딴 짓을 하더라도 사랑으로 다시 불러와 호흡으로 인도한다. 새로운 습관을 들일 때도 마찬가지이다. 어느 사이 과거의 습관으로 돌아갔더라도 다정하게 새 습관으로 이끌면 된다.

솔직히 나도 명상을 시작하고 몇 년 동안은 자신을 혹독하게 몰아세웠다. 다시 옛 습관에 휩쓸려 무의식적으로 사는 자신을 발견할 때마다 심한 자책을 하곤 했다. 하지만 시간이 지남에 따라 이런 태도는 잘못되었다는 사실을 배웠다. 뜻대로 되지 않는 순간일수록 더욱더 자신을 사랑으로 대해야 한다.

자신을 찾는 길은 경기가 아니다.

잘못이랄 것이 없다.

당신은 당신의 핵심, 순수한 사랑에 이르려 한다.

자책과 실망과 분별로 어찌 마음의 중심에 당도하겠는가?

우리 아카데미 수강생 중에 카타리나라는 30대 중반의 여성이 있었다. 직장에서도 잘 나가고 배우자도 있고 친구도 많았다. 그런데도 늘 무언가 부족하다고 느꼈다. 그녀는 늘 어떤 목표를 두고, 그 목표에 도달해야만 만족이 찾아온다고 믿었다. 무엇보다 자신을 받아들이고 인정하는 데 어려움을 겪는다고 했다. "나의 잘못을 용인하고 싶지 않아요." 그 말이 아직도 기억에 남는다. 나는 그녀에게 물었다. "절친이 잘못했을 때 당신은 그를 어떻게 대하죠?"

몇 주 후 그녀는 내게 와서 무거운 짐을 내려놓은 기분이라고 말했다. 자책이 들 때마다 절친에게도 그런 식으로 대하겠느냐고 자신에게 물었다고 했다. 그랬더니 훨씬 더 편안하게, 다정하게 자신을 바라보게 되었다고. 또 잘못할지 모른다는 불안이 조금씩 줄다 보니 요즘 들어서는 일도 더 즐겁고 인간관계도 더 좋아졌다고 말했다.

그 정도 변화로 무슨 호들갑이냐고 생각할지도 모르겠다. 하지만 내게는 정말로 큰 의미가 있다. 이 지구상에 자신을 사랑

하고 그 사랑을 주변으로 전파하는 사람이 한 명 더 늘었으니
말이다.

당신의 깨달음이 세상에 필요한 이유

우리가 사는 이 지구는 현재 몇 가지 큰 문제를 겪고 있다. 기후가 급변했고 바다는 플라스틱으로 가득하며 인구는 급속도로 증가하고 있다. 자원은 줄고 사방에서 전쟁과 갈등이 터지며 기술은 예상을 넘어 위험할 정도로 빠른 발전 속도를 보인다. 바이러스가 세계 경제를 멈추었고 빈부격차가 심해지며 차별과 부패가 만연하다.

그럼에도 많은 사람이 예전보다 훨씬 더 안락한 삶을 누린다. 그 말인즉슨 인류가 수없이 많은 문제를 겪어오며 이미 해결책을 찾았다는 뜻이다. 인류는 수많은 질병을 치료하거나 예방했고, 가난과 전쟁도 전체적으로 보면 많이 줄었다. 그 사실을 잊지 말아야 한다.

물론 예나 지금이나 문제는 수두룩하다. 어떻게 해야 이 문제에 가장 잘 대처할 수 있을까? '무엇을 해야 하는지' 묻는다면 나는 할 말이 없다. 하지만 '어떻게'는 잘 안다. 마하트마 간디도 말했다. "달라진 세상을 보고 싶다면 스스로 변화해라!"

이게 무슨 말이냐고?

앞서 배웠듯 생각은 감정에 영향을 주고 감정은 몸을 움직인다. 그러니 이런 질문을 던져볼 수 있겠다. 지구의 이 모든 고통은 어떤 에너지에서 가장 먼저 시작되었을까?

생각 없이 플라스틱을 바다에 던지는 사람들의 마음에는 어떤 에너지가 숨어 있을까? 우림을 벌목하고 불태우는 사람들의 마음에는 어떤 에너지가 감춰져 있을까? 전쟁하는 사람, 제 주머니 채우기에 급급하여 부정부패를 저지르는 사람들의 마음에는 어떤 에너지가 담겼을까?

간단히 대답하자면 불안과 분노, 질투와 죄책감, 증오심과 탐욕의 에너지이다. 잃을까 두려운 마음은 부패를 부추기고, 자신을 사랑하지 못하는 마음은 남도 사랑하지 못한다. 증오와 시기심은 다툼을 불러오고, 불안과 짝을 이루어 전쟁을 일으키기도 한다.

인공지능을 예로 들어보자. 미래학자들은 몇십 년 안에 인공지능이 인간의 두뇌를 추월할 것이라 믿는다. 이미 추월한 분야도 있다. 그렇다면 과연 인공지능은 득이 될까 해가 될까? 프로

그래머들이, 기업과 정부가 불안과 탐욕과 통제 같은 이유로 밀어붙인다면 인공지능은 결국 인간에게도 지구에도 해로울 것이다. 반대로 윤리적 잣대와 공감, 사랑과 기쁨으로 개발을 추진한다면 모두에게 득이 될 것이다. 분야를 막론하고 세계가 나아가는 방향은 바깥이 아니라 우리 안에서 정해진다.

세계 평화를 들먹이면 많은 사람이 비웃는다. 현실성이라고는 없는, 유토피아 같은 시나리오라 생각한다. 그러나 증오와 질투, 불안과 탐욕이 한 사람의 마음에서 탄생하여 자란다면, 그 반대도 가능하다. 자신을 사랑하고 자신과 평화협정을 맺은 이가 늘어나면 이 세상에도 평화가 찾아올 것이다. 사랑도 마찬가지이다. 더 많은 사람이 자기 안에서 사랑을 찾고 자신을 사랑해야 그 사랑이 조금씩 세상으로 퍼져나간다.

근본적으로 보면 너무나 간단하다. 자신을 보살피는 길이 세계를 보살피는 길이다. 세계를 보살피는 길이 자신을 보살피는 길이다. 나와 주변 사람들, 세계는 하나이다.

지구는 인간이 없어도 아무 문제가 없다. 반대로 인간 때문에 어마어마하게 많은 생물 종이 멸종 위기에 처했다. 앞으로도 계속 지금까지와 같이 산다면 인간 역시 멸종 위기종에 포함될 것이다. 그 어떤 기술 혁신도 우리를 구하지 못한다.

생각을 바꾸어야 한다. 내면의 상처를 치유하고 자신을 사랑하는 마음으로 변화를 꾀해야 한다. 우리가 변화를 실천하면 그

변화가 밖으로 뻗어나갈 테고, 결국 우리의 자손들도 인류의 선물을 경험할 것이다. 우리 각자가 조금씩 사랑과 공감과 기쁨을 자아낸다면 결국 세상 만물이 달라질 것이다.

나는 아들에게 충만한 삶을 가르치고자 이 책을 기획했다. 그러나 글을 쓰면서 점차 아들뿐 아니라 지구를 위한 책이라는 생각이 커졌다. 우리 모두를 위한, 당신을 위한 책! 당신은 (우리 모두가 그러하듯) 깨어나서 우리가 어디로 가야 하는지 모범을 보일 수 있다.

인류는 지금 갈림길에 서 있다. 한쪽은 나락과 고통으로 가는 길이요, 다른 한쪽은 조화와 기쁨이 넘치는 멋진 지구를 만드는 길이다. 나와 함께 명상을 실천하는 수많은 사람의 눈을 들여다볼 때면 마음이 뭉클한다. 그 눈동자를 보며 나는 우리가 함께 더 나은 지구를 만들 수 있다는, 깨달음과 사랑과 기쁨의 길을 선택할 수 있다는 희망을 품는다.

당신이 그 한 사람이라서 얼마나 고마운지 모른다.

존경과 감사를 담아
페터 베르

미주

1 본문에서 설명한 명상의 효과를 입증하는 몇 가지 연구 결과와 저서들: Xu, M., Purdon, C., et al. (2017): ⟨Mindfulness and Mind Wandering: The Protective Effects of Brief Meditation in Anxious Individuals⟩. Consciousness and Cognition 51, S. 157. Ebert, D. (1986): Physiologische Aspekte des Yoga und der Meditation. Stuttgart: G. Fischer. Stahl, J. E., et al. (2015): ⟨Relaxation Response and Resiliency Training and its Effect on Healthcare Resource Utilization⟩. PLOS ONE 10(10). Black, D. S., O'Reilly, G. A., et al. (2015): ⟨Mindfulness Meditation and Improvement in Sleep Quality and Daytime Impairment Among Older Adults with Sleep Disturbances: A Randomized Clinical Trial⟩. *JAMA internal medicine 175*(4), S. 494 – 501. Davidson, R. J., Lutz, A. (2008): ⟨Buddha's Brain. Neuroplasticity and Meditation⟩. IEEE Signal Processing Magazine 25(1), S. 176 – 174. Zeidan, F., Adler–Neal, A. L., et al. (2016): ⟨Mindfulness–Meditation–Based Pain Relief Is Not Mediated by Endogenous Opioids⟩. *The Journal of Neuroscience 36*(11), S. 3391 – 3397. Aftanas, L., Golosheykin, S. (2005): ⟨Impact of Regular Meditation Practice on EEG Activity at Rest and During Evoked Negative Emotions⟩. *The International Journal of Neuroscience 115*(6), S. 893 – 909. Creswell, J. D., Pacilio, L. E., et al. (2014): ⟨Brief Mindfulness Meditation Training Alters Psychological and Neuroendocrine Responses to Social Evaluative Stress⟩. *Psychoneuroendocrinology 44*, S. 1 – 12. Orme–Johnson, D. W., Barnes, V. A. (2014): ⟨Effects of the Transcendental Meditation Technique on Trait Anxiety: A Meta–analysis of Randomized Controlled Trials⟩. *Journal of Alternative and Complementary Medicine 20*(5), S. 330 – 341. Alderman, B., Olson, R., et al.

(2016): ⟨MAP Training: Combining Meditation and Aerobic Exercise Reduces Depression and Rumination While Enhancing Synchronized Brain Activity⟩. *Translational Psychiatry 6*. 이것도 참조할 것: https://www.nature.com/articles/tp2015225 [Abruf: 08.01.2021]. Bornemann, B., Herbert, B. M., et al. (2015): ⟨Differential Changes in Self-reported Aspects of Interoceptive Awareness Through 3 Months of Contemplative Training⟩. *Frontiers in psychology 5*, S. 1504. Jacobs, T. L., Epel, E. S., et al. (2011): ⟨Intensive Meditation Training, Immune Cell Telomerase Activity, and Psychological Mediators⟩. *Psychoneuroendocrinology 36*(5), S. 664 – 681

2   Waldvogel, B., Ullrich, A., Strasburger, H. (2007): ⟨Blind und sheend in einer Person. Schlussfolgerungen zur Psychoneurobiologie des Sehens⟩. *Nervenarzt 78*, S. 1303–1309

3   Lutzenberger, W., Elbert, T., et al. (1985): Das EEG: Psychophysiologie und Methodik von Spontan-EEG und ereigniskorrelierten Potentialen. *Berlin/ Heidelberg*: Springer

4   Katie, B. (2002): Liben, was ist: Wie vier Fragen dein Leben verändern können. München: Arkana. Heske, R. (2020): Bier Fragen, die alles verändern: Das große Praxisbuch für The Work nach Byron Katie. Müchen: Gräfe und Unzer.

5   Damásio, A. (1994): Descartes' Irrtum: Fühlen, Denken und das menschliche Gehirn. Berlin: List

6   Brickman, P., Coates, D., Janoff-Bulman, R. (1978): ⟨Lottery Winners and Accident Victims: Is Happiness Relative?⟩. *Journal of Personality and Social Psychology 36*, S. 917–927

7   Hawkins, D. R. (2012), Letting go: The Pathway of Surrender. London: Hay House

8   Csikszentmihalyi, M. (1990): Flow. Das Geheimnis des Glücks. Stuttgart: Klett-coatta.

9   Van de Veer, E., can Herpen, et al. (2016): ⟨Body and Mind. Mindfulness

Helps Customers to Compencate for Prior Food Intake by Enhancing the Responsiveness to Psysiologial Cues⟩. *Journal of Consumer Research 42*(5), S. 783–803. Siehe auch unter: http://doi.org/10.1093/jcr/ucv058 [Abruf:08.01.2021]

10 Leigh, S. (2016): ⟨Mindful Eating, Meditation May Lead to Better Metabolic Health⟩. Siehe auch unter: http://www.ucsf.deu/news/2016/03/402171/mindful–dating–meditation–may–lead–better–metabolic–health [Abruf: 08.01.2021]

11 Park, S.–H., Han, K. S. (2017): ⟨Blood Pressure Response to Meditation and Yoga. A Systematic Review and Meta–Analysis⟩. *Journal of Alternative and Complementary Medicine 23*(9), S. 685 – 695.

12 Levine, G. N., Lange, R. A., et al. (2017): ⟨Meditation and Cardiovascular Risk Reduction: A Scientific Statement from the American Heart Association⟩. *Journal of the American Heart Association 6*(10), S. 1 – 57. Siehe auch unter: https://www.ahajournals.org/doi/pdf/10.1161/JAHA.117.002218 [Abruf: 08.01.2021]

13 Manikonda, J. P., Störk, S., et al. (2008): ⟨Contemplative Meditation Reduces Ambulatory Blood Pressure and Stress–induced Hypertension: A Randomized Pilot Trial⟩. *Journal of Human Hyper-tension 22*(2), S. 138 – 140. Siehe auch unter: https://doi.org/10.1038/sj.jhh.1002275 [Abruf: 08.01.2021]

14 Schneider, R. H., Grim, C. E., et al. (2012): ⟨Stress Reduction in the Secondary Prevention of Cardiovascular Disease. Randomized, Controlled Trial of Transcendental Meditation and Health Education in Blacks. Circulation⟩. *Cardiovascular Quality and Outcomes 5*(6), S. 750 – 758

15 Barrett, B., Hayney, M. S., et al. (2012): ⟨Meditation or Exercise for Preventing Acute Respiratory Infection: A Randomized Controlled Trial⟩. *Annals of Family Medicine 10*(4), S. 337 – 346

16 Carlson, L. E., Beattie, T. L., et al. (2015): ⟨Mindfulness–based Cancer

Recovery and Supportive—expressive Therapy Maintain Telomere Length Relative to Controls in Distressed Breast Cancer Survivors〉. *Cancer 121*(3), S. 476 – 484

17 Jacobs, T. L., Epel, E. S., et al. (2011): 〈Intensive Meditation Training, Immune Cell Telomerase Activity, and Psychological Mediators〉. *Psychoneuroendocrinology 36*(5), S. 664 – 681

18 Cherkin, D. C., Sherman, K. J., et al. (2016): 〈Effect of Mindfulness—Based Stress Reduction vs Cognitive Behavioral Therapy or Usual Care on Back Pain and Functional Limitations in Adults With Chronic Low Back Pain: A Randomized Clinical Trial〉. *JAMA 315*(12), S. 1240 – 1249. Siehe auch unter: https://doi.org/10.1001/jama.2016.2323 [Abruf: 08.01.2021]

19 Wells, R. E., Yeh, G. Y., et al. (2013): 〈Meditation's Impact on Default Mode Network and Hippocampus in Mild Cognitive Impairment: A pilot study〉. *Neuroscience Letters 556*, S. 15 – 19

20 Hölzel, B. K., Carmody, J., et al. (2011): 〈Mindfulness Practice Leads to Increases in Regional Brain Gray Matter Density〉. *Psychiatry Research 191*(1), S. 36 – 43

21 Tang, Y.-Y., Tang, R., et al. (2013): 〈Brief Meditation Training Induces Smoking Reduction〉. *Proceedings of the National Academy of Sciences of the United States of America 110*(34), S. 13971 – 13975. Siehe auch unter: https://doi.org/10.1073/pnas.1311887110 [Abruf:08.01.2021]

22 Carney, D. R., Cuddy, A. J. C., Yap, A. J. (2010): 〈Power Posing. Brief Nonverbal Displays Affect Neuroendocrine Levels and Risk Tolerance〉. *Psychological Science 21*(10), S. 1363 – 1368. Siehe auch unter: https://doi.org/10.1177/0956797610383437 [Abruf: 08.01.2021]

옮긴이 장혜경

연세대학교 독어독문과를 졸업했으며, 동대학원에서 박사 과정을 수료했다. 독일 학술교류처 장학생으로 하노버에서 공부했으며, 현재 전문 번역가로 활동 중이다. 《설득의 법칙》, 《우리는 여전히 삶을 사랑하는가》, 《가까운 사람이 의존성 성격 장애일 때》 등 많은 도서를 우리말로 옮겼다.

내가 누구인지 아는 것이 왜 중요한가

초판 1쇄 발행 2024년 2월 15일

지은이 • 페터 베르
옮긴이 • 장혜경

펴낸이 • 박선경
기획/편집 • 이유나, 지혜빈, 김선우
마케팅 • 박언경, 황예린
제작 • 디자인원(031-941-0991)

펴낸곳 • 도서출판 갈매나무
출판등록 • 2006년 7월 27일 제395-2006-000092호
주소 • 경기도 고양시 일산동구 호수로 358-39 (백석동, 동문타워 I) 808호
전화 • (031)967-5596
팩스 • (031)967-5597
블로그 • blog.naver.com/kevinmanse
이메일 • kevinmanse@naver.com
페이스북 • www.facebook.com/galmaenamu

ISBN 979-11-91842-63-0 / 03190
값 18,500원